Galápagos

Giancarlo Poidomani

I Simpson e la Storia

Viaggio nel tempo
a bordo di un divano

SIRONI
EDITORE

via Mercalli 14, 20122 Milano (Italy)
tel. 02 58 45 981 – fax 02 58 45 98 96
info@sironieditore.it
www.sironieditore.it

Sironi Editore è un marchio di Alpha Test S.r.l.

edizione a cura di Ilaria Caretta

progetto grafico, composizione e impaginazione: Sironi Editore
progetto grafico di copertina e illustrazioni
a cura dell'Ufficio grafico Alpha Test-Sironi Editore

prima edizione: novembre 2016
ISBN: 978-88-518-0272-1

stampato da Arti Grafiche Battaia, Zibido San Giacomo (MI)
per conto di Sironi Editore nel mese di novembre 2016

A Giovanni Luigi, Alessandro,
Naima, Fernando, Viola, Edoardo e Simone,
futuri spettatori

Io canto l'individuo, la singola persona,
Al tempo stesso canto la Democrazia, la massa.
L'organismo, da capo a piedi, canto,
La semplice fisionomia, il cervello da soli non sono degni
della Musa: la Forma integrale ne è ben più degna,
E la Femmina canto parimenti che il Maschio.
Canto la vita immensa in passione, pulsazioni e forza,
Lieto, per le più libere azioni che sotto leggi divine si attuano,
Canto l'Uomo Moderno.

Walt Whitman, *Io canto l'individuo*
(letta pensando a Homer e ai Simpson)

Indice

Introduzione

Nata a cavallo tra gli anni Ottanta e gli anni Novanta del XX secolo dalla fantasia di Matt Groening, la serie animata *I Simpson* è ormai giunta alla sua ventottesima stagione. Si tratta di una vera e propria *sitcom* a cartoni animati che mette in scena le (dis)avventure di una tipica famiglia americana. I suoi componenti sono: Homer, sfaticato e incompetente addetto alla sicurezza della locale centrale nucleare; la moglie Marge (che di cognome fa Bouvier, come Jacqueline Kennedy), casalinga apprensiva e affettuosa; e i figli Bart, bambino indisciplinato e pestifero ma fondamentalmente onesto e "buono", Lisa, intelligente "secchiona", buddhista e dotata di un pensiero critico indipendente, Maggie, la poppante di cui il padre non ricorda quasi mai il nome, apparentemente insignificante, ma in realtà molto più consapevole e partecipe delle vicende famigliari di quanto possa sembrare a prima vista.

Come è noto, *I Simpson* si distinguono da tanti altri cartoni animati perché nello stesso episodio coesistono diversi livelli di lettura che si stratificano, in profondità e in larghezza. In profondità, ci si può soffermare tanto sulle vicende raccontate quanto sulle particolari tecniche cinematografiche utilizzate; si possono scovare le citazioni o gustarsi l'episodio senza starci a riflettere tanto. In larghezza, ogni puntata si lega alle altre. La famiglia gialla evolve in una cronologia di fatti che si amplia progressivamente in un mondo che, come il nostro, è in evoluzione, anche se, in realtà, come per molti personaggi dei fumetti e dei cartoon, l'età dei componenti della famiglia Simpson non cambia mai.

Le citazioni sono moltissime e la citazione è parte integrante del linguaggio dei *Simpson*. Come hanno scritto Pierluca Marchisio e Guido Michelone, le citazioni letterarie, cinematografiche, storiche, politiche, sociali, musicali ecc. contribuiscono ad arricchire il linguaggio della serie. Esse attingono da ogni elemento della realtà, in una fitta rete di richiami che alludono al meccanismo delle scatole cinesi.[1] Gli stessi autori hanno azzardato che le tematiche di cui si è occupata la serie sono talmente tante che attraverso i *Simpson* si potrebbe parlare di tutto e di tutti.[2]

Per questi motivi era da molto tempo che desideravo scrivere un libro sul rapporto tra i *Simpson* e la storia. Almeno da quando ho letto un libro pubblicato in Italia da ISBN edizioni e intitolato *I* Simpson *e la filosofia*, che mi ha invogliato a fare qualcosa di simile sul versante storico. Il libro era stato pubblicato negli USA nel 2001 ed era curato da William Irvin, Mark T. Conard e Aeon J. Skoble, il primo e il terzo professori di Filosofia e il secondo collaboratore di diverse riviste scientifiche.[3] Il desiderio è aumentato quando, rispettivamente nel 2007 e nel 2008, sono stati pubblicati in Italia altri due libri. Il primo, di Marco Malaspina, indagava i rapporti tra la scienza e i *Simpson*.[4] Il secondo, di Brunetto

1 Pierluca Marchisio, Guido Michelone, *I Simpson. L'allucinazione di una sit-com*, Castelvecchi, Roma 1999, pp. 14-15.

2 *Ibidem*, p. 195.

3 William Irvin, Mark T. Conard e Aeon J. Skoble, *I Simpson e la filosofia*, ISBN, Milano 2005.

4 Marco Malaspina, *La scienza dei Simpson, Guida non autorizzata all'Universo in una ciambella*, Sironi Editore, Milano 2007.

Salvarani, approfondiva i numerosi riferimenti alla teologia presenti nella *sitcom* creata da Matt Groening.[5]

Questo perciò è il primo tentativo, a quanto sappia, di leggere i *Simpson* dal punto di vista dei rapporti tra la popolare *sitcom* e gli eventi storici. Eppure sono tantissimi nei *Simpson* i riferimenti alla storia di tutti i tempi e in particolare a quella del XIX e del XX secolo. E cioè a quella parte della storia di cui in Italia si occupa, da un punto di vista scientifico e accademico, la Storia contemporanea, disciplina che insegno presso il Dipartimento di Scienze politiche e sociali dell'Università di Catania. Quindi, unendo l'utile (il mio lavoro) e il dilettevole (la mia passione per i *Simpson*), ho voluto provarci. Ecco, dunque, tra le vostre mani il primo libro intitolato *I* Simpson *e la Storia*.

Per cominciare, se volessimo tradurre etimologicamente il titolo di questo libro potremmo scrivere *I* Simpson *e la visione* (nel senso di ricerca, indagine visiva). Oppure *I* Simpson *e la narrazione*.

Il sostantivo greco *historìa,* infatti, significa propriamente "ispezione visiva", "indagine", "ricerca", "narrazione". La sua radice *id-* è la stessa di quella del verbo *horào* che significa "vedere" e, in senso lato, "conoscere", "sapere" proprio per "aver visto". Dunque, *histor, -oros* è quasi letteralmente il testimone oculare che, in quanto tale, sa, conosce un evento, un fatto, un avvenimento. Non a caso i primi storici erano stati testimoni di ciò che raccontavano.

Il primo grande storico occidentale, Erodoto di Alicarnasso, descrisse nelle sue *Historìai* avvenimenti a lui contemporanei, come le guerre persiane. Anche Tucidide aveva raccontato la storia della guerra del Peloponneso, alla quale egli stesso aveva preso parte. Ma fu Erodoto il primo a ricercare le cause degli

---

5 Brunetto Salvarani, *Da Bart a Barth. Per una teologia dei Simpson*, Claudiana, Torino 2008.

avvenimenti e per questo venne considerato da Cicerone il vero "padre della storia". All'origine della parola "storia" troviamo dunque un riferimento forte all'atto visivo. E potere accostare al nome della famosa famiglia gialla la parola "visione" è indubbiamente importante. Poiché tutta la serie ha tra i suoi fondamenti proprio il tema dello sguardo «come grande archetipo e modello culturale». Continuo a citare da Marchisio e Michelone:

> e infatti non solo il taglio delle immagini è sempre più reso in maniera cinematografica o televisiva come se gli autori volessero comunicare allo spettatore di rendersi ulteriormente conto della duplice finzione spettacolare (il disegno di una realtà disegnata), ma sono gli stessi personaggi a guardare, vedere, osservare in maniera audiovisiva, come se i loro occhi non fossero altro che raddoppiamenti di obiettivi di una macchina da presa o di una telecamera.[6]

La stessa sigla è ricchissima di riferimenti "visivi": dalla zoomata in avanti iniziale al veloce montaggio alternato, dalle carrellate laterali fino al campo e controcampo finale in cui l'intera famiglia seduta sul divano (nella ricorrente e sempre diversa *couch gag*[7]) guarda la tv e la tv guarda la famiglia.

Tuttavia, parafrasando quello che scrive Marco Malaspina a proposito del rapporto tra i *Simpson* e la scienza, potremmo dire che la serie non vuole affatto "insegnare la storia". I riferimenti storici, che pure, come vedremo, sono presenti in tantissimi episodi, non hanno quasi mai una valenza didattica e/o didascalica. Sbaglierebbe chi pensasse di rendere più "attraente" la storia attraverso le (dis)avventure di Homer, dei suoi famigliari e amici e dei suoi concittadini. Nei *Simpson* i riferimenti storici non sono quasi mai inseriti in modo "didascalico" e meccanico ma quasi

---

6 Pierluca Marchisio, Guido Michelone, *op. cit.*, p. 200.

7 Le *couch gag*, letteralmente "gag del divano", sono i siparietti d'apertura che cambiano a ogni sigla.

sempre in modo obliquo, ironico (nel senso etimologico del termine, da *eironeyo*, di "espressione del contrario") e acuto.

È tuttavia indubbio che molti episodi della serie permettono di navigare più piacevolmente tra le onde della Storia. Essi inoltre ci dicono molto, proprio per la popolarità della serie, su quello che potremmo definire il "senso storico comune e diffuso", quanto meno nell'opinione pubblica occidentale e soprattutto in quella americana.

Come ha scritto Luca Raffaelli, se è vero che i *Simpson* «ci rappresentano. Sono lo specchio di noi, del nostro mondo»,[8] allora essi rappresentano innanzitutto un pezzo di contemporaneità a cavallo tra XX e XXI secolo. E siccome le loro origini si perdono alla fine del XVIII secolo, ecco che tutti i secoli della Storia contemporanea sono a nostra disposizione nelle oltre 500 puntate della *sitcom*.

L'universo simpsoniano si espande in una moltitudine di sentieri e in diverse occasioni tocca momenti cruciali della storia americana ed europea. Ognuno dei personaggi rappresenta un momento della storia contemporanea americana: il direttore della scuola, Skinner,[9] è l'emblema delle frustrazioni del siste-

---

8 Luca Raffaelli, *Prefazione*, in Pierluca *Marchisio* e Guido Michelone, *op. cit.*, p. 6.

9 Il nome del direttore della scuola richiama subito l'attenzione a Burrhus Frederic Skinner (1904-90), famoso psicologo statunitense, tra i fondatori del comportamentismo. Uno dei maggiori contributi teorici di Skinner è consistito nella scoperta dell'apprendimento per *condizionamento operante*, secondo il quale un comportamento ha più possibilità di ripresentarsi se riceve una risposta "di rinforzo" positiva. Egli giunse a queste conclusioni grazie alle osservazioni effettuate nella "gabbia di Skinner", la Skinner box: grazie a questo apparato sperimentale, infatti, Skinner riuscì a evidenziare e quantificare la relazione tra variabili indipendenti (stimolo discriminante e stimolo rinforzatore) e variabile dipendente (frequenza delle risposte comportamentali), evitando l'interferenza di altre variabili "di disturbo". Skinner ha dato inoltre impulso all'istruzione programmata e alle tecnologie educative. Da qui la decisione dei creatori della *sitcom* di dare questo nome al direttore.

ma scolastico americano ma incarna anche il tipico reduce della guerra del Vietnam; il sindaco Quimby è un prototipo del politico democratico, ma nella variante peggiore, in quanto corrotto e spesso populista (di John F. Kennedy ha preso soltanto la passione per le pin-up e sul suo stemma campeggia la scritta «corruptus in extremis»); Boe,[10] Willie,[11] Apu[12] rappresentano gli immigrati europei e asiatici che incontrandosi negli USA hanno dato vita al *melting pot* costitutivo della Nazione; la madre fuggiasca e alternativa di Homer è una personificazione dei movimenti femministi e pacifisti degli anni Sessanta; Ned Flanders è un perfetto rappresentante dell'America creazionista e divisa in centinaia di sette e sotto-sette cristiane spesso fondamentaliste, mentre il reverendo Lovejoy ne è una versione più blanda e accomodante; Burns è lo spirito del capitalismo rampante e selvaggio che ha contribuito a costruire l'America, senza alcun rispetto per l'ambiente e per le classi sociali più deboli.

Ma soprattutto, i *Simpson* mettono in scena una tipica condizione della contemporaneità: la famiglia intesa e vissuta tanto come nucleo domestico, quanto come luogo di scontri generazionali e punto di partenza di altre esperienze comunitarie (la scuola e la fabbrica). Si tratta di una tipica famiglia della piccola borghesia americana, di una città industriale (Springfield), che vive nei classici quartieri suburbani in una villetta a due piani con garage

---

[10] Il personaggio di Boe Szyslak, titolare dell'omonima taverna frequentata da Homer e i suoi amici, è nato nell'Indiana da genitori di origine polacca. Nonostante nella versione americana il suo nome sia Moe (abbreviazione di Morris), nella versione italiana il personaggio prende il nome di Boe perché i produttori hanno visto nell'originale un'assonanza poco elegante con il *mo'* napoletano e romanesco.

[11] Willie, giardiniere e bidello nella scuola elementare di Bart e Lisa, rispecchia lo stereotipo dello scozzese ignorante, alcolizzato, irascibile e rissoso. Nella versione italiana viene doppiato come se fosse sardo.

[12] Apu Nahasapeemapetilon è un informatico indiano, induista e vegano, costretto ad aprire un negozio di alimentari, il Kwik-e-Mart (Jet Market nella versione italiana).

e giardino retrostante. Springfield è allo stesso tempo un luogo universale e indefinibile. Matt Groening ha scelto questo nome perché è uno dei più comuni: negli USA esistono infatti 71 cittadine di nome Springfield, in 36 Stati diversi. La vera ubicazione di quella dei *Simpson* non è mai stata resa nota, a conferma dell'obiettivo della serie di essere una parodia della vita del cittadino medio statunitense.

Per questo motivo, quindi, risulta indefinibile, ma è, allo stesso tempo, un luogo universale, poiché ha tutte le caratteristiche presenti in ogni cittadina americana di media grandezza.[13]

Il tempo non è fissato in modo esplicito. Molti riferimenti storici riecheggiano, spesso in chiave parodica e sarcastica, eventi e personaggi dal Medioevo alla prima guerra mondiale, dalla guerra di Secessione alla guerra fredda, dalla grande depressione al Vietnam. Ma l'ambientazione della serie è decisamente contemporanea.

Tra i personaggi storici famosi citati ricordiamo: Hitler, Mussolini, Lenin, Mao Zedong, scienziati come Albert Einstein, il Dalai Lama e Madre Teresa di Calcutta (gli ultimi due che sputano sulla tomba vuota di Burns quando questi è creduto morto in *The Fool Monty*).

Sono tantissime soprattutto le citazioni di eventi, personaggi ed episodi salienti della "breve storia americana", dalla fine del XVII secolo fino ai nostri giorni. Particolarmente "gettonati" sono i presidenti e i padri fondatori degli Stati Uniti: George Washington, Thomas Jefferson, Benjamin Franklin, Abraham Lincoln, i due Roosevelt (Theodore e Franklin Delano), John F. Kennedy, Gerald Ford, Richard Nixon, Jimmy Carter, George Bush, Bill Clinton.

---

[13] Luca Raffaelli, *Prefazione*, in Pierluca Marchisio e Guido Michelone, *op. cit.*, p. 86.

Molto citati sono eventi e personaggi degli anni Settanta, decennio in cui molti degli sceneggiatori dei *Simpson* si sono formati, in gran parte nelle università della Ivy League.[14]

Sono pochi invece gli episodi monotematici da un punto di vista storico. Tra questi ricordiamo *La maledizione del pescediavolo*, interamente ispirato a un avvenimento ambientato nella seconda guerra mondiale; *Lisa l'iconoclasta* e *Limone di Troia*, che trattano il tema delle origini di Springfield e quindi il periodo coloniale. La maggior parte degli episodi, invece, sono ricchi di riferimenti storici diacronici, che spaziano dalla storia americana delle origini alla guerra di Secessione, dalla prima alla seconda guerra mondiale, dalla guerra fredda al Watergate, dal maccartismo alla controcultura hippie degli anni Sessanta-Settanta ecc.

In alcuni episodi ci troviamo di fronte a veri e propri viaggi nella storia. Basti pensare a *Boe dagli stracci ai ricchi*, al *Tour storico di Marge*[15] o a episodi come *La Festa delle mazzate* nel quale troviamo riferimenti ad almeno quattro periodi distinti della storia americana: il periodo coloniale, la partecipazione al secondo conflitto mondiale, l'assassinio di John F. Kennedy, lo scandalo Watergate.

A volte sono le *couch gag* o le farneticazioni del Nonno a prestarsi per brevissimi viaggi nella storia.[16] Essendo un ultracentenario,

---

14 A tal proposito, ricordiamo che tra gli oltre cinquanta autori che hanno firmato i novanta episodi analizzati spiccano John Swartzwelder con undici sceneggiature, Tim Long con sette, Ian Maxtone-Graham con cinque e George Meyer, Bill Oakley, Michael Price, Josh Weinstein con quattro.

15 *Margical History Tour*, che riecheggia il titolo della famosa canzone e dell'omonimo album dei Beatles, *Magical Mistery Tour*, del 1967.

16 Anche i titoli di coda si prestano a volte a rievocazioni di periodi storici: alla fine di *Million Dollar Abe* (il cui titolo richiama il film *Million Dollar Baby* diretto da Clint Eastwood nel 2004), Abraham Simpson sta testimoniando davanti alla commissione McCarthy in un'ambientazione in bianco e nero, molto simile a quella del film di George Clooney dedicato al maccartismo e intitolato *Good Night, and Good Luck* (2005).

anche i ricordi di Burns sono un buon pretesto per brevi sintesi storiche. In *L'orsetto del cuore*, per esempio, il viaggio del peluche abbandonato da Burns bambino diventa un *excursus* storico. Caduto in un fiume, dopo il disgelo arriva a New York, dove – siamo nel maggio del 1927 – viene raccolto da Lindbergh che lo porta con sé nella sua trasvolata atlantica con lo *Spirit of San Louis* e lo getta tra la folla che lo acclama a Parigi. Qui viene recuperato da un giovane Hitler. Lo ritroviamo nel 1945 a Berlino nel bunker dello stesso Hitler che, in procinto di suicidarsi, come si deduce dalla pistola che ha accanto, gli dice scagliandolo via: «Questa è tutta colpa tua!».[17] Nel 1958 ricompare al Polo Nord in cima al sottomarino *Nautilus* dove rimane incastrato in un iceberg e nel 1993 arriva al Jet Market di Apu tra una fornitura di ghiaccio. L'aereo di Lindbergh viene citato anche in *Il signor Lisa va a Washington*,[18] dove Bart sale sopra l'aereo in mostra al *National Air and Space Museum*. Charles Augustus Lindbergh compì la prima traversata aerea in solitaria e senza scalo dell'Oceano Atlantico. Partito il 20 maggio 1927 alle 8 circa del mattino da un aeroporto presso New York, arrivò il giorno successivo a Parigi dopo 33 ore di viaggio. Quell'impresa titanica, compiuta agli albori dell'aviazione, lo consegnò alla leggenda. L'aereo originale fu portato allo Smithsonian dallo stesso Lindbergh nel 1928 e attualmente è effettivamente esposto al *National Air and Space Museum* di Washington.[19]

---

17 Una possibile interpretazione sarebbe quindi quella secondo la quale sarebbe stato proprio l'orsetto, già appartenuto a un Burns rappresentato fin dall'infanzia come una incarnazione del Male, a far diventare malvagio Hitler.

18 Il titolo riecheggia quello del famoso film di Frank Capra *Mister Smith va a Washington*, del 1947.

19 Leggendo il libro di Bill Bryson, *L'estate in cui accadde tutto* (Guanda, Milano 2014), dedicato proprio alla trasvolata atlantica di Lindbergh, si capisce l'"ossessione" degli americani, sceneggiatori dei *Simpson* compresi, per l'aviatore di Little Falls.

In alcuni casi un evento storico è richiamato soltanto per mezzo di una singola inquadratura, come avviene con l'immagine del famoso bacio tra il marinaio e l'infermiera del 13 agosto 1945 (in *Bart il grande*), o nella inquadratura del rogo nel quale vengono buttati tutti gli oggetti del *merchandising* marca Krusty (in *Krusty va al fresco*). Quest'ultimo fa venire in mente i famigerati *Bücherverbrennungen*, i roghi di libri "degenerati" appiccati nel 1933 dai nazisti nelle piazze tedesche per distruggere tutte le opere scritte da intellettuali, filosofi, poeti non in linea con l'ideologia nazista (marxisti, ebrei, pacifisti, sostenitori della repubblica di Weimar ecc.).[20]

In altri casi, addirittura, i *Simpson* "anticipano" alcuni eventi. In *La cometa di Bart*, andato in onda sei anni prima dell'attentato alle Twin Towers, c'è un riferimento alla guerra del Golfo del 1990-91 e alla paura di attacchi iracheni sul suolo americano. In questo episodio viene inoltre messo alla berlina lo "scudo spaziale" proposto nel 1983 dall'allora presidente repubblicano Ronald Reagan,[21] ma il missile che avrebbe dovuto disintegrare una cometa che sta precipitando su Springfield distrugge invece l'unico ponte in servizio diretto fuori città. In *Bart al futuro* Lisa, primo presidente donna degli Stati Uniti, chiede al suo assistente Van Houten a quanto ammonta il budget a sua disposizione per realizzare vari programmi sociali e ambientali. Milhouse mostra un grafico che precipita inesorabilmente verso il basso. La precedente presidenza Trump ha prosciugato le casse. Vista la candidatura di Donald Trump, imprenditore-politico e personaggio

---

[20] Vale la pena di ricordare che il vero nome di Krusty, figlio di un rabbino ebreo, presentatore televisivo per bambini ma personaggio di dubbia moralità, è Herschel Shmoikel Pinchas Yerucham Krustofski.

[21] Si trattava di un apparato di difesa che prevedeva l'utilizzo di sistemi d'arma con base sia a terra sia nello spazio per proteggere gli Stati Uniti da attacchi di missili balistici nucleari.

televisivo, alle elezioni presidenziali dell'8 novembre 2016, la previsione dei *Simpson* non sembrerebbe poi così campata per aria.[22]

Aggiungiamo che, poiché la serie dura ormai da oltre un quarto di secolo, molti dei riferimenti a fatti, eventi e personaggi tratti dalla cronaca del tempo in cui gli episodi erano prodotti e andavano in onda per la prima volta, sono diventati oggi storia contemporanea a tutti gli effetti.

Insomma, quasi tutti gli episodi della serie sono ricchi di battute nascoste, a volte quasi subliminali, di dettagli striscianti, di frammenti di dialoghi illuminanti e ricchi di allusioni. Dati fondamentali, fatti più o meno importanti sono mescolati a frasi memorabili. Dopo aver visto e rivisto più volte ogni episodio («crucifizioso!» direbbe Homer), qualche cosa sarà sicuramente sfuggita anche alla nostra analisi. Ai lettori sta il compito di scoprirlo e integrare il testo con le proprie osservazioni.

Infine, se dovessi scegliere tra i *Simpson* il personaggio più adatto a rivestire il ruolo dello storico (nel senso etimologico del termine di "colui che sa per aver visto"), opterei per Maggie, la testimone (muta) che tutto vede e tutto sa.

---

[22] Il 1° agosto 2016 i creatori della serie tv hanno mandato in onda un cortometraggio di *endorsment* a favore di Hillary Clinton. Facendo la parodia a un vecchio spot della candidata democratica che nel 2008, durante le primarie contro Obama, chiedeva agli americani chi volevano che rispondesse al telefono della Casa Bianca alle 3.00 del mattino, il corto dei *Simpson* mostra Homer che telefona ai candidati alla presidenza, trovando solo Hillary Clinton, e Marge che si rifiuta di fare l'amore con Homer finché egli non avrà deciso di votare per Clinton. Feroce l'ironia contro Donald Trump, irreperibile al telefono, "accusato" di badare solo all'immagine senza essere capace di far fronte ai problemi del Paese; blanda però anche l'ironia nei confronti delle motivazioni a votare democratico per l'elettore maschio medio americano.

capitolo 1

AMERICAN HISTORY S[1]

[1] Con questo titolo ho voluto rendere omaggio, in stile citazionistico *à la Simpson*, a un film diretto da Tony Kaye nel 1998: *American History X*. La pellicola narrava le vicende di una coppia di fratelli e del loro complesso rapporto con il razzismo e la violenza che caratterizzano buona parte della cultura americana.

Genealogia simpsoniana

> Lisa: Caro diario, non ci vorrà molto prima che il mio cervello si sciolga in una morbida poltiglia simpsoniana. Presto l'arte e la letteratura che io adoro saranno rimpiazzate dalla radio e da volgari paraschizzi di gomma (*Lisa la Simpson*).

> Homer: Ora vai ragazzo, e mi raccomando ricorda: se ce la metterai tutta, un giorno potrai forse realizzare il sogno che i Simpson inseguono da generazioni... metterlo in quel posto a qualcuno! (*Bart il genio*).

E Sven generò Garwood che generò Howland che generò "vecchia scarpa" che generò Orville che generò Abraham che generò Homer. Così, parafrasando il Vangelo di Matteo, ma non volendo assolutamente essere blasfemi, si potrebbe sintetizzare la genealogia della famiglia Simpson.

Se associamo, infatti, alla parola "famiglia" il termine "storia" avremo innanzitutto una genealogia. In *I Simpson. Album di famiglia senza censure* troviamo gli alberi genealogici di Homer e di Marge che risalgono fino ai capostipiti. Il primo inizia con l'unione tra Sven Simpson e Claretta Ethridge e conta ben 139 membri (compresi Homer, Marge, Bart, Lisa e Maggie). Da esso possiamo evincere, per esempio, la lontana parentela tra Homer e Charles Montgomery Burns, il proprietario della centrale nucleare dove lavora Homer. Uno zio di Burns, infatti, Amos Graycomb, ha sposato Moselle Stemple, nipote di una Trixie Simpson. Homer è nipote di un Orville Simpson che ha sposato Yuma Hickman e ha avuto un unico figlio maschio, Abraham, detto Abe. Questi, a sua volta, ha avuto Homer da Penelope Olsen e da una partner ignota Herb, il fratellastro intelligente di Homer, adottato da Edward Powell e Mililani Osler. L'albero genealogico di Marge è costituito da 129 membri (compresa Marge e senza i tre figli). Esso comincia con il matrimonio tra Victor Bouvier e Florette DuChamps e termina con quello tra Clancy Bouvier e Jacqueline Gurney, dal quale nascono Marjorie e le gemelle Patty e Selma.

In *Tanto Apu per niente* è il Nonno a raccontare brevemente come i Simpson sono arrivati in America dal Vecchio Mondo: «La storia dei Simpson ha inizio nel vecchio continente (non ricordo bene quale). Mio padre non la finiva più di parlare dell'America. Credeva fosse la cosa più fantastica dopo il pane affettato. E il pane affettato fu inventato l'inverno precedente. Imbarcatisi per l'America, i Simpson si sistemarono per qualche tempo dentro la corona della Statua della Libertà (si vede un piccolo Abraham giocare con il cerchio tra la fiaccola e la testa della statua). Una volta che la corona fu piena di immondizia, si trasferirono. Fine della storia».

Ci sono almeno due episodi in cui la genealogia diventa protagonista assoluta. In *Lisa la Simpson*, non essendo riuscita a risolvere un gioco di intelligenza che tutti i compagni di scuola (compreso suo fratello Bart e Ralph Winchester!) hanno risolto, Lisa si convince che la sua intelligenza ha iniziato una parabola discendente. I suoi sospetti vengono confermati dal Nonno il quale parla alla nipote del "gene Simpson", che fa diventare i membri della famiglia sempre più stupidi man mano che crescono. Si scopre, per esempio, che fino alla prima elementare Homer prendeva voti alti nei compiti e che solo progressivamente era diventato meno intelligente. Lo stesso era accaduto a Bart. Rassegnata a diventare stupida, Lisa decide di dire addio al proprio intelletto, cominciando ad abbuffarsi di programmi televisivi-spazzatura. Per rincuorare la figlia e per "recuperarla", Homer decide allora di invitare i membri della famiglia di tre città diverse per dimostrare che non tutti i Simpson sono stupidi. Ma, dopo aver fatto parlare alcuni parenti, anche Homer si rassegna alla teoria del "gene Simpson". Infatti, il prozio Chet gestisce un'azienda conserviera di gamberetti (proprio come Forrest Gump nel film omonimo) senza alcun successo; il cugino di secondo grado Stan spara agli uccelli negli aeroporti; a un membro della famiglia piacerebbe recitare la parte del miliardario nelle feste, evidentemente per scroccare qualche pasto; un altro si fa investire dalle auto e poi fa causa ai conducenti; uno chiede l'elemosina alle celebrità; un altro ancora è un delatore nelle carceri. Tuttavia, quando Marge chiede di far parlare alcune donne Simpson, si scopre che molte di loro sono laureate e fanno il medico, l'architetto, l'avvocato in difesa dell'ambiente. Si scopre quindi che il "gene Simpson" colpisce soltanto gli uomini (è nel cromosoma Y) della famiglia e Lisa si rassicura.

In *Il colore giallo* (citazione del romanzo di Alice Walker e del film di Spielberg *Il colore viola*),[2] invece, Lisa deve fare una ricerca scolastica sul proprio albero genealogico per «enfatizzare illustri e famosi antenati». A una prima indagine, si accorge però che tutti i suoi antenati sono cattivissimi (pirati, alcolisti, gangster, assassini, pregiudicati vari). Alla ricerca di un "buon" antenato, trova in soffitta il diario di una certa Eliza Simpson, risalente al 1860. Scopre così che Eliza e la sua famiglia aiutavano gli schiavi a fuggire in Canada. Il diario racconta che Eliza si intrufolò di nascosto nella piantagione del colonnello Burns (il padre di Montgomery Burns) e liberò lo schiavo Virgil. Scoperta dalle guardie, era stata costretta a scappare. A quel punto, le pagine del diario, corrose dal tempo, diventano illeggibili. In biblioteca, però, Marge e Lisa trovano un libro di ricette della madre di Eliza in cui il racconto continua. Eliza, fuggita dalla piantagione di Burns, riuscì a tornare a casa. A scuola Lisa può quindi esporre con orgoglio la storia di Eliza (la relazione si intitola *I Simpson: la prima storia di libertà*) e il suo ruolo nella lotta contro lo schiavismo.

2 La prima edizione originale del romanzo è del 1982; quella italiana del 1984; Il film di Spielberg è del 1985.

Ma Milhouse si oppone a questa versione "consolatoria" e rivela di aver letto a sua volta il diario di un suo antenato nel quale la storia è raccontata in maniera diversa. Il colonnello Burns era riuscito a corrompere il padre di Eliza, Hiram, che aveva finito per tradire lo schiavo mentre Eliza non aveva avuto il coraggio di opporsi. Disperata, Lisa si reca nuovamente in biblioteca dove trova un'intervista filmata alla vecchia Eliza, in cui l'antenata confessa che il suo unico rimpianto è di non essere riuscita a salvare Virgil. Lisa ha ormai perso qualsiasi speranza di trovare qualche buon antenato. Ma a quel punto Nonno Simpson confessa di sapere la vera fine della storia. La madre di Eliza, Mabel, conoscendo la debolezza e la pusillanimità del marito, aveva salvato Virgil minacciando Burns con un fucile. Poi insieme a lui si era diretta verso il Canada, aiutata tra l'altro da un Abraham Lincoln che le offre la sua tuba per nascondere l'acconciatura troppo riconoscibile. Alla fine del viaggio, Virgil e Mabel si erano avvicinati anche sentimentalmente. La donna aveva divorziato da Hiram e aveva sposato Virgil, mantenendo il cognome Simpson poiché l'ex schiavo non ne aveva uno proprio. Il figlio nato da questa unione era il bisnonno di Abe. Lisa scopre così di avere un'antenata rispettabile che ha liberato uno schiavo sfidando i pregiudizi: anzi, la famiglia Simpson ha addirittura un antenato nero.

In questo episodio troviamo moltissimi riferimenti alla storia e al mestiere di storico. Lisa fa una ricerca compulsando varie fonti. Tra queste, l'intervista filmata alla vecchia Eliza è una perfetta citazione della metodologia di ricerca preferita da una disciplina, la storia orale, che negli Stati Uniti ha avuto una certa fortuna proprio negli anni in cui Eliza avrebbe raggiunto l'età della vecchiaia. In effetti, la storia orale ha avuto e ha tuttora come soggetti di studio preferiti proprio quelle persone comuni che con la loro microstoria hanno contribuito dal basso alla formazione della storia ufficiale. Lo sviluppo della *oral history* intesa come genere storiografico tra i più innovativi della ricerca sull'età contemporanea (*late modern period*) – genere basato sull'uso sistematico della fonte orale (intervista, testimonianza) e finalizzato alla conoscenza delle società «senza scrittura» – è un processo indissolubilmente intrecciato alla rivoluzione storiografica operata dalla scuola francese delle *Annales*, a partire dagli anni Trenta del XX secolo. In particolare, nel secondo dopoguerra alcune originali ricerche d'oltreoceano, come quella sulla memoria della popolazione di colore, nel quadro di uno studio sulla schiavitù, dischiusero nuovi scenari epistemologici.

A partire dagli anni Settanta, la storia orale ha prodotto numerose ricerche sull'Occidente «senza scrittura» (sulle classi popolari del mondo anglosassone, sulla storia delle donne, su aspetti e momenti della seconda guerra mondiale e della Resistenza italiana ecc.), offrendo un significativo contributo al rinnovamento della storia sociale.[3]

Che l'episodio attinga alla metodologia della storia orale è dimostrato anche dal continuo modificarsi delle versioni dei fatti in base ai diversi punti di vista; lo stesso Abraham all'inizio cerca di coprire la verità con una versione "depurata" della storia famigliare e solo alla fine cede confermando la verità documentale.

---

3 Luisa Passerini (a cura di), *Storia orale. Vita quotidiana e cultura materiale delle classi subalterne*, Rosenberg & Sellier, Torino 1978.

Tra arazzi e stracci: dal Medioevo al Novecento

Lisa alla bibliotecaria: Devo fare una ricerca. Dove sono finiti tutti i libri?
Bibliotecaria: Libri? Ormai sono per gente antiquata. Ora siamo un centro istruttivo multimediale per ragazzi di ogni età (*Il tour storico di Marge*).

Nei *Simpson* i riferimenti alla storia più antica, per esempio quella medioevale, sono rari. Ne troviamo però uno, bellissimo, nella *couch gag* dell'episodio *Tra molti, Winchester!* (il titolo stesso, nella versione originale, *E pluribus Wiggum*,[4] ha un sapore medioevale), ispirata al famoso arazzo di Bayeux. Si tratta di un manufatto tessile ricamato, lungo quasi 70 metri e realizzato in Normandia o in Inghilterra nella seconda metà dell'XI secolo. Esso descrive per immagini gli avvenimenti più importanti della conquista normanna dell'Inghilterra, come la battaglia di Hastings, avvenuta nel 1066. Si tratta di una fonte storica di inestimabile valore per la conoscenza della storia della Normandia e dell'Inghilterra dell'XI secolo. Le azioni ricamate sull'arazzo sono articolate in scene concatenate in cui compaiono addirittura 126 personaggi. Non è un caso che sia stato utilizzato come fonte di ispirazione per un cartone animato. Alcuni vi hanno visto infatti l'antenato dei moderni fumetti. Nella *couch gag* vediamo in sequenza: il reame dei Flanders; quello dei Simpson, seduti sul divano; Ned a cavallo che si impossessa del divano e lo porta in trionfo nel suo reame; i Simpson che si accorgono del furto; Ned

---

4 Clancy Wiggum è il nome del commissario Winchester nella versione originale americana. Ricordiamo che la Winchester Repeating Arms Company è una fabbrica statunitense di armi, che produsse, a partire dal 1866, carabine e fucili. Il titolo riecheggia il motto originario degli Stati Uniti: «E pluribus unum».

che si gode il nuovo divano nel suo castello con Rod e Tod a fare da sentinelle; la flotta dei Simpson che si dirige verso il reame di Flanders; la battaglia tra i Simpson e i Flanders. Nella scena finale i Simpson sono di nuovo nel loro castello, seduti beati sull'amato divano davanti al cadavere di Ned tagliato a pezzi. In effetti, nella battaglia di Hastings, ben raccontata dall'arazzo, si scontrarono le truppe normanne di Guglielmo II e quelle degli Anglosassoni comandate dal loro re, Aroldo II. Questi fu colpito a un occhio da una freccia e venne poi fatto a pezzi e decapitato da quattro cavalieri normanni. In seguito alla vittoria, Guglielmo divenne re di Inghilterra con il nome di Guglielmo I il Conquistatore.

Boe dagli stracci ai ricchi è invece un vero e proprio viaggio nella storia che parte dal Medioevo e arriva fino all'Età contemporanea. In questo episodio scopriamo che anche lo straccio del bar di Boe era in origine un arazzo medioevale.[5] In una cittadina francese di nome Ville de Springfield vive una famiglia di contadini, interpretati dai Simpson, logorati da una miseria atavica. Il duca di Ville de Springfield, interpretato da Burns, incarica Marge di realizzare con il suo telaio un arazzo che ne esalti le gesta: la guarigione dei malati, l'uccisione delle persone sane, il matrimonio con la sorella, i giochi e il relax in compagnia di alcuni amici diavoli.

Viene qui messo in scena un perfetto esempio dell'industria a domicilio medioevale. Essa era una forma di organizzazione produttiva nella quale la creazione di beni industriali per il mercato, diretta e finanziata da un mercante-imprenditore, veniva realizzata in larga misura nell'abitazione dei contadini-lavoranti. I principali settori di attività della stessa furono il tessile e il metallurgico. Il mercante-imprenditore forniva ai lavoranti la materia prima e i macchinari necessari. I contadini eseguivano il lavoro

---

[5] È lo straccio stesso, che nella versione originale ha la voce di Jeremy Irons, a raccontare la sua storia.

nei momenti morti dei lavori agricoli e venivano retribuiti a cottimo. Il prodotto finito veniva poi ritirato e trasferito nel magazzino del mercante-imprenditore che provvedeva a venderlo.[6]

Marge inizia a tessere usando la lana di alcune pecore uccise da Burns perché gli ostruivano il passaggio verso casa, e che nella «furia della loro morte avevano espulso una lana demoniaca». L'arazzo istoriato sembra molto simile a quello già citato di Bayeux, solo che questo descrive le gesta di Burns, compresa l'uccisione delle pecore. «Quell'arazzo» dice lo straccio «ero io». E una spugna sul bancone di rimando: «Come no! E io ero la Bibbia di Gutenberg».[7] L'arazzo finisce in una cattedrale che viene però depredata dai Vichinghi. Viene poi barattato in Persia da alcuni cristiani in cambio di oro e di gioielli. E all'arabo perplesso per quello scambio che sa di fregatura («Hai preso il nostro oro e i nostri gioielli e ci hai dato questa stoffa sbiadita?») il monaco Homer risponde in questo modo: «Se qualcuno vi chiedesse chi vi ha imbrogliato, potete dire i cristiani. Ricordate questo nome: cristiani». L'arazzo si ritrova alla corte del giovane re persiano Nelson Muntz, il capo dei bulli della scuola di Springfield, dove una Sharazad-Lisa cerca di evitare la morte raccontando storie per mille e una notte. L'arazzo continua a peregrinare, passando da Babilonia ad Atene, da Cartagine in Spagna, come benda per gli occhi di un condannato a morte. Ma, dopo aver toccato il fondo come straccio di un boia, ha un ruolo fondamentale nella creazione di un capolavoro dell'arte occidentale. Viene infatti usato a mo' di pennello da Michelangelo Buonarroti per realizzare la Cappella Sistina. Esilarante lo scambio di battute fra papa Sisto IV-Lovejoy e l'artista: «Ehi, di' un po', quando finisci?»; e

---

6 Paolo Malanima, www.pbmstoria.it/dizionari/storia_mod/i/i040.htm.

7 Fu proprio una Bibbia la prima opera realizzata da Johannes Gutenberg nel 1455 con il suo procedimento per la stampa a caratteri mobili.

Michelangelo, interpretato da Julio,[8] risponde: «Vuoi una cosa rapida? Vai da Raffaello, bellezza!». Terminato il capolavoro, Michelangelo lo butta via, proprio come uno straccio. Lo ritroviamo quindi nel bar di Boe che, portandoselo alla guancia (come un Linus con la sua coperta), confessa: «Sei tu il mio migliore amico». Ma la storia non è finita. Lo straccio continua a raccontare di come sia stato cucito da una sarta per realizzare la bandiera di una nuova Nazione, purtroppo una Nazione schierata dalla parte sbagliata della storia. Si tratta infatti della bandiera scelta dai sette Stati confederati (la *Stainless Banner*) che nel 1861 dichiararono la propria secessione dagli Stati Uniti, in quanto contrari alla abolizione della schiavitù.

Dalla guerra civile, la scena si sposta alla grande depressione del 1929.[9] Una poverissima famiglia Simpson è seduta a tavola nella sua baracca di legno. Marge serve una minestra di stracci. Il paesaggio circostante è brullo e desolato, simile a quello delle Grandi Pianure dopo la *Dust Bowl* del 1933-34: con questo nome si identifica una serie di tempeste di sabbia che colpirono gli Stati Uniti centrali tra il 1931 e il 1939, in seguito a decenni di tecniche agricole inappropriate e alla mancanza di rotazione delle colture. Il terreno fertile delle Grandi Pianure era stato sottoposto ad arature profonde che avevano finito per distruggere l'erba necessaria per la sua idratazione. In seguito ad alcune annate di siccità, il suolo si era seccato trasformandosi in polvere e dando vita

---

8 Nella *sitcom* Julio, insieme a Grady, forma la coppia gay di Springfield.

9 La crisi del '29 è richiamata anche attraverso uno dei romanzi più famosi dedicati a quel periodo, *Furore* di John Steinbeck (prima edizione originale: 1939; prima edizione italiana: 1940). Nell'episodio *Lisa sogna il blues*, all'insegnante di musica che la rimprovera perché comincia a improvvisare con il sax mentre la classe sta provando un "motivo tradizionalmente patriottico", Lisa risponde riecheggiando le parole di Tom Joad nel finale del romanzo: «La mia patria è fatta anche dalle famiglie senza tetto costrette a vivere dentro una macchina, il contadino dell'Iowa senza terra strappatagli dai burocrati, il minatore del West Virginia che sputa sangue».

a grosse nuvole nere che oscurarono il cielo. Si verificò così un vero e proprio disastro ecologico e un esodo di migliaia di famiglie dal Texas, dal Kansas e dall'Oklahoma verso l'ovest in cerca di lavoro.

L'America rurale rappresentata in questo episodio è inoltre incarnata da alcuni personaggi della *sitcom*. Cletus e Brandine, una coppia che vive nella campagna circostante Springfield, in una capanna di legno, sono una citazione dei contadini che vivono nelle aree rurali e montuose americane, i cosiddetti *hillbilly* o *redneck*.[10] L'ignoranza, la scarsa igiene e il riferimento all'incesto ne sono chiari segnali. E il modo in cui Cletus e i suoi figli sono rappresentati ricordano molto le foto di Dorothea Lange e di Walker Evans sulla grande depressione.[11]

Lo straccio, continuando a viaggiare nel tempo e nello spazio, entra a far parte di una spedizione sulla vetta dell'Everest. Ritrovato da uno yeti che lo dà a suo figlio, incredibilmente somigliante a un piccolo Boe, finisce nella taverna frequentata da Homer e amici. Marge decide di lavarlo e di restituirlo pulito a Boe, ma questi capisce che sono i Simpson i suoi veri amici e lo butta via. Viene prontamente recuperato dal Piccolo aiutante di Babbo Natale che lo porta nella sua cuccia.

L'Età moderna trova invece posto nel ritratto di Elisabetta I interpretata da Selma in una puntata "in costume" (*Quattro grandi donne e manicure*). Vi troviamo un Walter Raleigh-Homer che porta dal Nuovo Mondo un'erba "sana" e dal potere dimagrante: il tabacco. La regina diventa subito una tabagista come le gemelle

---

[10] Il termine *redneck* viene utilizzato, in modo dispregiativo, per indicare un abitante bianco degli Stati meridionali degli Stati Uniti d'America, appartenente alla fascia economica medio-bassa della società. La traduzione letterale di *redneck*, "collo rosso", si riferisce al colore della nuca scottata dall'esposizione al sole dovuta al lavoro nei campi, ai quali i *redneck* sono in genere sottoposti, ed è quindi sinonimo di contadino.

[11] Si veda James Agee e Walker Evans, *Sia lode ora a uomini di fama*, il Saggiatore, Milano 2013.

Bouvier. Raleigh, navigatore corsaro e poeta, fu il principale promotore dell'espansione coloniale inglese, che iniziò dai territori dell'America settentrionale nel 1584 ribattezzati con il nome di Virginia, in onore di Elisabetta, detta la Regina Vergine. Ella era salita al trono nel 1558, dopo la morte della sorella Maria I d'Inghilterra. Il marito di Maria, il re spagnolo Filippo II, interpretato nell'episodio da Julio, aveva proposto a Elisabetta di sposarlo, ma la regina aveva rifiutato. Da qui il soprannome di Regina Vergine. Nel 1588 la Spagna attaccò l'Inghilterra per mare con la *Invencible Armada*. La battaglia navale viene raccontata nell'episodio e in un fotogramma compaiono Elisabetta I-Selma e il suo consigliere Boe sotto uno striscione con la scritta «Mission accomplished»,[12] mentre la battaglia è ancora in corso. Si tratta di un ironico riferimento allo striscione davanti al quale il primo maggio 2003 si fece fotografare George W. Bush sulla portaerei americana *Lincoln* durante la seconda guerra del Golfo. Si trattò di un'iniziativa quanto meno prematura. La guerra infatti non era affatto finita. Una nuova fase, molto più dura e più difficile per i soldati americani, era appena iniziata e l'America avrebbe dovuto contare ancora migliaia di vittime tra le file del suo esercito. Un primo ritiro parziale delle truppe dall'Iraq si è avuto soltanto nel 2011, durante il primo mandato del presidente Barack Obama.

Come nella realtà, la battaglia navale, che pure vedeva all'inizio la flotta inglese comandata da Sir Francis Drake in netta inferiorità, terminò con la distruzione della armata spagnola. Le navi inglesi erano più piccole, più leggere e munite di cannoni più efficaci e precisi. Ma fu soprattutto una serie di violente tempeste a distruggere un terzo delle imbarcazioni e a eliminare la metà dei soldati spagnoli. Lo stesso re Filippo II si convinse che il favore di Dio aveva abbandonato i cattolici per rivolgersi ai protestanti, come nelle speranze del pastore anglicano Lovejoy che nell'episodio simpsoniano prega in questo modo dal ponte di una nave

---

12 Missione compiuta.

inglese che sta per scontrarsi con la *Invencible Armada*: «Signore Gesù, anche se il nostro Paese è diventato protestante solo per dar modo a quel ciccione del nostro re di scaricare la sua fedele moglie, sappiamo che sei dalla nostra parte. Per favore, distruggi quei mostri che credono che tua madre debba essere adorata».

È proprio la vicenda del "re ciccione" al centro del primo evento storico narrato da Marge in *Il tour storico di Marge*. L'episodio, uno dei pochi espressamente dedicati alla storia, è un vero viaggio nei secoli.

Poiché la biblioteca di Springfield è a corto di libri, Marge si offre di aiutare Bart e Milhouse a fare una ricerca su Enrico VIII raccontando loro la storia del re inglese. A interpretarlo nel racconto è Homer che mangia a dismisura e, rimproverato dalla consorte, si pulisce la bocca con un foglio di carta (la Magna Carta!). In realtà, nonostante l'immagine tramandata ai posteri di un re tirannico, obeso e spietato (proprio come l'Enrico VIII simpsoniano), da giovane Enrico era un uomo attraente, alto circa un metro e novanta, biondo e atletico. Possedeva inoltre una vasta cultura umanistica, una solida conoscenza delle lingue (latino, spagnolo, francese) e un notevole talento musicale.

Subito dopo l'apparizione di Marge-Caterina d'Aragona, Enrico parla platealmente al cospetto dell'intera corte dei suoi tentativi di ingravidare la regina. A eccezione dell'apparizione di un dottor Nick Riviera in qualità di medico di corte che si dice convinto della presenza di serpenti nel ventre della regina, il riferimento all'esibizione pubblica di aspetti oggi legati a una sfera intima non è peregrino. Presso le corti dell'era medioevale e moderna era normale, anche per il re e per la regina, rendere pubblico tutto ciò che era legato all'espletamento dei bisogni fisiologici e alla sfera della sessualità. Come ha dimostrato Norbert Elias, il processo di civilizzazione è stato molto lento e graduale.

Il rapporto con la nudità, il sesso e le funzioni fisiologiche era nel Medioevo molto meno pudico rispetto alle età successive.[13]

Ned è Tommaso Moro che, di fronte alla decisione del re di fare annullare il proprio matrimonio con Caterina d'Aragona esclama: «Divorzio? Sire, non esiste il divorzio nella Chiesa Cattolica Cattolichina. Quindi perciò cosa farete?». E Homer-Enrico VIII: «Fonderò una Chiesa tutta mia dove il divorzio sarà così facile che metà dei matrimoni andranno a farsi friggere». In effetti, di fronte alla mancata nascita di un erede maschio dalla sua unione con Caterina, Enrico VIII decise di annullare il matrimonio. Nel 1533 il re sposò la sorella della sua amante Maria Bolena, Anna. Nel 1534 l'Act of Supremacy approvato dal Parlamento inglese sancì lo scisma della Chiesa anglicana, il cui capo supremo diventava il re d'Inghilterra, dalla Chiesa di Roma. Il Treasons Act, sempre del 1534, dichiarò reato di alto tradimento, punibile con la morte, il rifiuto di riconoscere il re come capo della Chiesa anglicana. L'Act of Succession spostò la linea dinastica dalla ex sovrana alla discendenza di Anna Bolena. Tutti gli adulti del regno furono tenuti ad accettare le disposizioni di queste leggi e chiunque si fosse opposto sarebbe stato giudicato colpevole di alto tradimento e passibile di pena di morte (nel teatro delle marionette al quale assiste il re, Grattachecca accusa Fichetto[14] di non aver firmato l'Atto di Successione mentre il secondo accusa il primo di «celebrazione di messa cattolica»). Tra coloro che non accettarono di prestare il giuramento che riconosceva la legittimità di ogni figlio nato da Enrico e Anna Bolena e ripudiava ogni autorità straniera (cioè la Chiesa di Roma), vi fu anche l'ex cancelliere Tommaso Moro che fu imprigionato e condannato a morte nel 1535 per decapitazione. Nell'episodio dei *Simpson* invece Ned-Moro viene "cannonizzato", nel senso che viene infila-

---

[13] Norbert Elias, *Il processo di civilizzazione*, il Mulino, Bologna 1988.

[14] I due personaggi protagonisti dei cartoni animati *splatter* preferiti da Bart e Lisa.

to nella bocca di un cannone e sparato. Ma neppure Anna Bolena riesce a dare a Enrico un figlio maschio e viene decapitata (dal boia-Winchester). In effetti, dal 1536 Anna cominciò a perdere il favore di Enrico. Venne accusata di aver usato la stregoneria per indurre Enrico a sposarla, di avere numerosi amanti, di essere colpevole di incesto e di cospirazione contro il re. Fu giudicata colpevole e condannata a morte il 19 maggio 1536. Undici giorni dopo Enrico sposò Jane Seymour che tuttavia non morì decapitata come mostra la puntata dei *Simpson*, ma per i postumi del parto con cui aveva dato alla luce il figlio Edoardo. È vero invece che Enrico si risposò altre tre volte anche se l'ultima moglie non era così vecchia come la Agnes-Caterina Parr dell'episodio. Però aveva 31 anni al momento del matrimonio (non era dunque giovanissima per l'epoca), era vedova ed era una donna dal carattere volitivo (come Agnes). Entrò subito in contrasto con Enrico, anche perché lei era luterana. Non fu decapitata come nel cartone animato ma dovette accettare un atto di sottomissione prima della separazione. Fu lei a favorire la riconciliazione tra Enrico e le figlie avute dai primi due matrimoni, Maria ed Elisabetta, che sarebbero entrambe diventate regine d'Inghilterra.

Nascita di una Nazione

In molti episodi viene richiamata l'epopea dei primi pionieri americani, a partire da quello i cui protagonisti sono proprio i fondatori della città. Ma potremmo aggiungere che tutta la serie è pervasa da una atmosfera "pionieristica": ogni qual volta la famiglia Simpson varca la soglia di casa propria trova un territorio ostile, quasi una terra di conquista, un'esperienza di frontiera.[15]

La storia della fondazione degli Stati Uniti d'America ritorna in molte occasioni.

L'episodio *Bart rischia grosso* contiene parecchi riferimenti alla guerra di indipendenza americana e ai suoi protagonisti e alla storia coloniale americana in genere. Bart rischia di essere bocciato ed è costretto a studiare storia. Dopo aver sprecato la giornata a fare tutt'altro anziché assimilare qualche nozione, lo troviamo di notte seduto alla scrivania mentre si sforza di leggere alla luce di una lampada: «Capitolo primo. *Un sogno di libertà.* Il 15 settembre 1620 i separatisti puritani della Chiesa anglicana, alcuni provenienti dall'Olanda, lasciarono Plymouth in Inghilterra. La loro destinazione era...». Ma viene sopraffatto dal sonno. La storia che sta leggendo è proprio quella delle origini degli Stati Uniti. Nel settembre del 1620 un centinaio di dissidenti religiosi dalla Chiesa anglicana, i Padri pellegrini, salparono dal porto di Plymouth diretti verso il Nuovo Mondo. Per il viaggio avevano affittato un'imbarcazione, un galeone a tre alberi, che in precedenza era appartenuto alla famiglia fiorentina Guicciardini. Da qui il suo nome, *Mayflower*, fiore di maggio e cioè il giglio,

---

15 Ciò avviene in molti episodi (compreso il film del 2007) nei quali la famiglia gialla è costretta, o decide liberamente, di andare via da Springfield (salvo ritornare ogni volta).

simbolo di Firenze per antonomasia.[16] I Padri pellegrini avevano infatti ottenuto dalla Compagnia della Virginia una concessione per dar vita a un fiorente commercio di caffè e di tè nella valle del fiume Hudson. Essi sbarcarono l'11 novembre del 1620 a Cape Cod, dove oggi una roccia ricorda il nome della città da cui provenivano.

Bart prende un'insufficienza anche nel compito successivo e decide allora di imporsi di studiare per forza, rinunciando perfino a godersi la più bella nevicata di tutti i tempi in città (il sindaco Quimby proclama quel giorno «La giornata della neve. Il giorno più divertente di tutta la storia di Springfield»). Bart si barrica in cantina per studiare e comincia a leggere: «Capitolo sesto. *Quattro giorni a Philadelphia*. Il primo congresso continentale si trovò di fronte a un compito difficile. Sarebbero i delegati riusciti ad accordarsi su principi che tutti gli americani avrebbero condiviso?». A questo punto una scena in dissolvenza ci riporta nel luglio del 1776. Nella sala del Congresso, tra i padri costituenti appare un Bart in abito d'epoca. Uno dei delegati dice: «Riteniamo queste verità di per sé stesse evidenti: che tutti gli uomini sono stati creati uguali e che da quella medesima creazione derivino diritti inalienabili». Sta citando l'inizio della Dichiarazione d'Indipendenza siglata la sera del 4 luglio 1776 dai delegati delle 13 colonie americane che avevano deciso di rendersi indipendenti dalla madrepatria inglese. Peccato che nel sogno a occhi aperti di Bart uno

---

16 In *I dolori del travaglio* la *couch gag* mette in scena la *Mayflower* che arriva a Plymouth: i Simpson, vestiti da Padri pellegrini, stanno scappando per le strade di una città inglese inseguiti da una folla inferocita armata di torce e forconi che tira loro addosso delle pietre. Salgono su una nave stilizzata che porta il nome *Mayflower* (in realtà è la nave disegnata nel quadro che sta da sempre dietro il divano del salotto di casa Simpson). Dopo un lungo viaggio arrivano nel Nuovo Mondo dove, al posto della Roccia di Plymouth, c'è il Divano di Plymouth. Un capo indiano (Apu) li accoglie a un banchetto. Uno striscione recita: «Festa del Ringraziamento – $19,95 a persona». I Simpson si accomodano e mangiano.

dei delegati avverta gli altri che sta nevicando (a metà luglio!), Benjamin Franklin tira fuori una slitta da neve di sua recente invenzione e tutti corrono fuori a divertirsi lasciando Bart da solo nella sala del Congresso.

Nonostante gli sforzi, Bart prende nuovamente un'insufficienza. A questo punto, per la disperazione, dichiara alla maestra: «Ora so cosa ha provato George Washington quando consegnò *Fort Necessity* ai francesi». Affermazione che, sulle prime, può stupire. Tutti ricordiamo, infatti, Washington come capo delle truppe indipendentiste che combatterono contro gli inglesi e non contro i francesi i quali, invece, erano alleati dei patrioti americani nella guerra di indipendenza. Invece la citazione di Bart è corretta perché si riferisce a un episodio poco noto ma realmente accaduto.

Si tratta precisamente della battaglia di *Great Meadows*, conosciuta anche come battaglia di *Fort Necessity*, uno scontro avvenuto il 3 luglio 1754 fra le truppe inglesi e quelle francesi che segnò l'inizio della guerra franco-indiana, poi divenuta parte della più estesa guerra dei Sette anni. In quel periodo, la Francia e la Gran Bretagna erano in competizione per estendere i propri domini coloniali al di là dell'Atlantico. Le colonie dei due Paesi in Nord America erano separate da un vasto territorio di nativi americani, in buona parte inesplorato e considerato una sorta di "terra di nessuno". In particolare, le due potenze coloniali europee stavano cercando di impossessarsi del controllo della valle dell'Ohio, ritenuta una zona di grande importanza strategica. La Gran Bretagna spinse il governatore della Virginia a realizzare un presidio militare alla confluenza dei fiumi Allegheny e Monongahela, che danno origine all'Ohio. In quel punto fu inviato un distaccamento dell'esercito coloniale della Virginia per costruirvi *Fort Prince George*. Avvertiti dell'operazione, i francesi accorsero in forze, costringendo gli occupanti del fortilizio ad arrendersi e *Fort Prince George* venne raso al suolo. In seguito a questo fatto, le autorità francesi inviarono un loro rappresentante, Joseph

Coulon de Jumonville, a parlamentare con gli inglesi, con 30 militari di scorta, allo scopo di trovare un accordo. Ma i francesi caddero in un'imboscata. Una quarantina di soldati della Virginia, comandati dal giovane tenente colonnello George Washington, insieme ad alcuni guerrieri irokesi della tribù Séneca, ostile ai francesi e alleata degli inglesi, attaccarono la missione diplomatica durante un bivacco, la sera del 28 maggio 1754. Il bilancio fu di 21 prigionieri e 10 morti francesi; tra questi il legato de Jumonville. George Washington fu dichiarato assassino di Joseph de Jumonville e per catturarlo fu inviato un corpo di spedizione, composto da 500 militari e da un centinaio di guerrieri uroni, al comando del fratello di Joseph, Louis Coulon de Villiers. L'inseguimento dei virginiani si protrasse per quasi un mese. Nel frattempo, in attesa della rappresaglia francese, Washington aveva radunato un centinaio di soldati della Virginia e un altro centinaio di guerrieri Séneca, posizionandosi nella radura di *Great Meadows* dove aveva fatto costruire un fortino d'emergenza, chiamato *Fort Necessity*. A dare manforte alle truppe virginiane, il 28 giugno, furono inviati 100 soldati dell'esercito regolare inglese, guidati dal capitano James Mackay. Il fortino improvvisato era costituito da un'unica baracca d'alloggio in legno, protetta da una palizzata a pianta triangolare e, all'esterno, da una trincea. La convivenza tra Washington e Mackay fu subito problematica. Il primo rivendicava il comando in forza del suo grado superiore, mentre il secondo pretendeva che fosse rispettato il maggior rango di un ufficiale dell'esercito regolare inglese nei confronti del collega coloniale. Non riuscendo a trovare una soluzione, i due decisero di guidare separatamente le rispettive compagini. A quel punto, la colonna francese giunse a *Great Meadows* e si dispose immediatamente per lo scontro. I francesi cominciarono a sparare contro il fortino mettendo fuori combattimento la metà dei loro avversari. Nel primo pomeriggio, la situazione fu aggravata da un violento acquazzone estivo, che allagò la trincea e trasformò *Fort Necessity* in una palude impraticabile. George Washington fu costretto a dichiarare la resa. Dopo la firma dei comandanti, fu concesso ai soldati virginiani e a quelli inglesi di tornare ai loro acquartieramenti, mantenendo le armi. Dopo aver dato alle fiamme *Fort Necessity*, anche le truppe francesi si ritirarono. Ma la guerra era appena iniziata. La battaglia di *Fort Necessity* aveva dato avvio alla guerra franco-indiana che gli osservatori dell'epoca ritennero una delle principali cause, se non la principale, della sanguinosa guerra dei Sette anni, considerata da Winston Churchill la prima guerra mondiale della storia.

A questo punto la maestra, colpita dalla dotta citazione, cambia l'insufficienza piena in una quasi sufficienza e Bart è salvo.

Altro episodio con al centro il periodo di fondazione del nuovo Stato è *Il signor Lisa va a Washington.*[17] Lisa partecipa a un concorso indetto dal *Reader's Digest* (*Patrioti di domani*)[18] per il tema più patriottico. Per trovare ispirazione si reca alla foresta nazionale di Springfield dove le compare un'aquila reale ad ali spiegate, proprio come quella che campeggia sullo stemma degli Stati Uniti d'America, ideato nella sua versione finale da Charles Thomson e approvato dal Congresso il 20 giugno 1782. Alle finali regionali, che si svolgono presso la sede dei «Veterani delle guerre popolari» (sic!), la commissione composta da alcuni veterani, tra cui Jasper,[19] premia il tema di Lisa. Sulla scheda di valutazione, oltre a Chiarezza, Originalità e Organizzazione, compare la voce Gingoismo (valutato con un bel 10). Il Gingoismo fu una corren-

---

17 Il titolo riecheggia quello del famoso film di Frank Capra *Mister Smith va a Washington*, peraltro ampiamente citato in tutto l'episodio. Nel primo episodio dell'undicesima stagione, *Oltre la sfera della cantonata*, sarà invece Mel Gibson, con i suggerimenti di Homer, a girare un remake splatter del film di Capra.

18 Il "succo" del bando letto da Lisa: «Bambini sotto i 12 anni. 300 parole. Fieramente pro-americano. Sembra interessante».

19 Jasper Beardley è il migliore amico di Abraham Simpson. È un anziano barbuto che vive nella casa di riposo di Springfield. Ha 78 anni. Ha inventato il Gatorade.

te sciovinista nata negli Stati Uniti alla fine dell'Ottocento. Essa poneva tra le priorità vitali per gli Stati Uniti la salvaguardia degli interessi nazionali e dell'identità della Nazione, anche per mezzo di una politica estera aggressiva. Il termine deriva da una canzone cantata nei pub londinesi durante la guerra russo-turca (1877-78) il cui ritornello recitava: «We don't want to fight but by Jingo if we do...».[20] Nella crisi russo-turca, infatti, la Gran Bretagna minacciò di intervenire militarmente contro la Russia se quest'ultima avesse attaccato Costantinopoli, la capitale dell'Impero Ottomano.

Nel 1898 il Gingoismo ebbe un ruolo importante nel sostenere l'intervento americano a favore dell'indipendenza cubana dalla Spagna. La guerra tra gli Stati Uniti e la Spagna scoppiò quando la propaganda dei dissidenti cubani stanziatisi negli USA a favore dell'indipendenza dell'isola dalla madrepatria cominciò a far breccia nell'opinione pubblica statunitense. L'allora presidente McKinley era ancora incerto sull'intervento, mentre alcuni suoi ministri, tra i quali uno dei più favorevoli alla guerra contro la Spagna era Theodore Roosevelt, che sarà presidente per due mandati dal 1901 al 1908, erano decisamente interventisti. Mentre le tensioni diplomatiche tra i due Paesi diventavano sempre più forti, il 15 febbraio 1898 un'esplosione distrusse la nave americana Maine attraccata al porto di L'Avana, provocando la morte di 260 membri dell'equipaggio. Fu questo il *casus belli* che scatenò la guerra. Dimessosi da ogni incarico governativo, Roosevelt si arruolò e divenne comandante in seconda del reggimento di volontari denominato *Rough Riders*.[21] A Cuba Roosevelt dimostrò

---

20 Non vogliamo combattere ma, perdinci, se dobbiamo...

21 Il *Rough Riders* fu uno dei tre reggimenti di volontari costituiti nel 1898 nel corso della guerra ispano-americana e l'unico a entrare in azione a Cuba. Il loro comandante in seconda era proprio Roosevelt, appena dimessosi dall'incarico di assistente segretario della Marina statunitense e reinventandosi "colonnello" di questo reggimento: si disegnò addirittura da sé la propria divisa.

tutta la sua abilità militare e propagandistica, inviando resoconti dettagliati delle proprie imprese a tutti i giornali statunitensi. Dopo la fine, vittoriosa, della guerra, divenne un eroe nazionale. Il 12 agosto fu firmato l'armistizio e di lì a poco, con il trattato di Parigi del 10 dicembre, gli Stati Uniti ottennero dalla Spagna il riconoscimento dell'indipendenza di Cuba, che divenne una specie di protettorato americano, la cessione agli USA di Porto Rico e dell'isola di Guam e l'accettazione dell'occupazione americana di Manila nelle Filippine. Lo stesso Roosevelt fu accusato di essere un "gingoista"e pare che ne andasse fiero.[22]

Uno dei temi proposti dai partecipanti al concorso *Patrioti di domani* recita: «Ricetta per un Paese libero. Mescolare una tazza di libertà con tre cucchiai di giustizia, aggiungere un elettorato edotto e impastare con il potere di veto. Mescolare due tazze di democrazia e spruzzare liberamente con diritti civili». Nelle poche parole di una metafora gastronomica ritroviamo tutti gli elementi essenziali del costituzionalismo statunitense sintetizzato dai suoi due documenti più importanti: la Dichiarazione d'Indipendenza del 1776 e la Costituzione del 1787, che comprende la Carta dei diritti. Il tema di Lisa, invece, ispirato dagli enormi alberi secolari della foresta nazionale di Springfield, recita: «Quando l'America nacque in quel caldo luglio del 1776, i teneri alberi della foresta di Springfield vibravano tendendo verso il sole. E proprio come loro furono nutriti da Madre Natura così anche la nostra giovane Nazione trovò la forza nelle semplici idee di uguaglianza e giustizia. Chi l'avrebbe mai detto che queste querce così maestose in una così potente Nazione sarebbero nate da una cosa così fragile così pura? Grazie». Anche in questo caso ritroviamo i concetti basilari della Dichiarazione di Indipendenza, soprattutto il riferimento al

22 A tal proposito ricordiamo che Dale E. Snow e James J. Snow hanno fornito un'interessante lettura della serie in termini di "sciovinismo", *I Simpson e la politica del sesso*, in W. Irwin, M. T. Conard, A. J. Skoble, *op. cit.*, pp. 145 e sgg.

carattere naturale delle idee di uguaglianza e giustizia, e l'orgoglio delle "piccole colonie" destinate a dar vita a una Superpotenza. Recita infatti la Dichiarazione:

> Noi riteniamo che sono per sé stesse evidenti queste verità: che tutti gli uomini sono creati eguali; che essi sono dal Creatore dotati di certi inalienabili diritti, che tra questi diritti sono la Vita, la Libertà, e il perseguimento della Felicità; che per garantire questi diritti sono istituiti tra gli uomini governi che derivano i loro giusti poteri dal consenso dei governati; che ogni qualvolta una qualsiasi forma di governo tende a negare questi fini, il popolo ha diritto di mutarla o abolirla e di istituire un nuovo governo fondato su tali principi e di organizzarne i poteri nella forma che sembri al popolo meglio atta a procurare la sua Sicurezza e la sua Felicità.

Il concetto centrale del tema è però la purezza che sarà presto smentito dallo scontro di Lisa con la dura realtà. A dispetto della retorica patriottica dei temi presentati al concorso, Lisa scoprirà che nella capitale serpeggia la corruzione. Durante il soggiorno a Washington, dove Lisa va con tutta la famiglia per partecipare alla finale, la bambina assiste non vista a uno scambio di tangenti tra un deputato e un lobbista: oggetto della "trattativa" è proprio il disboscamento di quella foresta di Springfield che aveva ispirato Lisa. La piccola Simpson, che qui incarna il personaggio onesto e scandalizzato dalla corruzione interpretato nel film di Capra da James Stewart, perde fiducia nella democrazia e straccia il testo che aveva preparato per la finale, *Le radici della democrazia*. Cerca allora il conforto dei Padri della patria andando a visitare per prima la statua di Abraham Lincoln. Ma questa è troppo affollata di questuanti che chiedono al presidente abolizionista consigli per qualsiasi dubbio o problema, anche di carattere pratico. C'è chi vuole sapere cosa può fare per migliorare il suo Paese, se è il momento giusto per acquistare una casa, se starebbe meglio con un paio di baffi ecc. Grazie alle domande, banali e non, poste a Lincoln si comprende comunque quanto sia radicato nella popolazione il rispetto per alcune figure-simbolo della storia americana.

Lisa si reca allora presso la statua di Thomas Jefferson (presidente per due mandati dal 1801 al 1809) che invece è solo e abbandonato da tutti (non a caso). «Non li biasimo. In fondo,» dice sarcastico a Lisa «non ho fatto nulla di importante. Solo la Dichiarazione d'Indipendenza, l'acquisizione della Louisiana (acquistata nel 1803 dalla Francia per circa 24 milioni di dollari) e il reggicalze». In sottofondo si odono le note dell'Inno americano. Lisa pensa che sia meglio andare. Ha beccato Jefferson in un "brutto momento".

Però si convince che la verità vada rivelata e scrive un nuovo tema nel quale smaschera il deputato corrotto e accusa duramente i politici di Washington. Nel nuovo testo si cita la fondazione della capitale duecento anni prima sul luogo di una palude e aggiunge che da allora niente è cambiato visto che «puzzava allora e puzza ancora adesso del fetido odore della corruzione che stagna nell'aria. E questa sarà una Nazione fedele al dollaro, con libertà e giustizia per nessuno».[23]

Preoccupato che una bambina di 8 anni abbia perso fiducia nella democrazia, un giurato del premio avverte un senatore che a sua volta informa l'FBI. Il deputato viene incastrato e arrestato. Lisa non vince il concorso ma la sua denuncia dà i suoi frutti e alla fine il "sistema" funziona. La democrazia possiede gli anticorpi per eliminare il virus che rischia di comprometterne la salute. Ed essi si trovano tra la gente comune, come le persone che vanno a chiedere a Lincoln consigli per la propria vita, o una bambina di 8 anni.

---

23 Una versione antifrastica del Giuramento di fedeltà, ancora oggi recitato in molti enti pubblici e scuole americane, così afferma: «Giuro fedeltà alla bandiera degli Stati Uniti d'America, e alla Repubblica che essa rappresenta: una Nazione sotto Dio, indivisibile, con libertà e giustizia per tutti».

In *Il tour storico di Marge*, il secondo episodio raccontato da Marge ai bambini in biblioteca ripercorre la spedizione di Meriwether Lewis e William Clark, intrapresa nel biennio 1804-1806 per trovare il passaggio a Nord-Ovest.[24] Lisa si cala nei panni della nativa americana Sacajawea, la sorella del capo della tribù degli Shoshoni, che accompagnò i coloni Lewis e Clark (interpretati da Lenny e Carl, gli amici inseparabili della serie) nell'esplorazione dell'America nord-occidentale, viaggiando con loro dal Dakota del Nord fino alla costa pacifica dell'Oregon. La spedizione fu fortemente voluta dall'allora presidente degli Stati Uniti Thomas Jefferson (interpretato da un Joe Quimby che porta una fascia con su scritto «Terzo presidente»). Dopo l'acquisizione della Louisiana, egli stanziò 2.500 dollari per mandare un gruppo di esploratori che raggiungessero via terra la costa Ovest del continente. Jefferson scelse Lewis come guida del gruppo (in seguito noto come *Corps of Discovery*) e questi, a sua volta, si fece affiancare da Clark (anche se gli sceneggiatori dei *Simpson* mostrano dei dubbi sulle reali capacità dei due, facendo dire a Lisa: «Come avete fatto a diventare esploratori?». Lewis-Lenny risponde: «Eravamo gli unici con una bussola». E Carl: «Invece l'ago era solo dipinto»).

Il viaggio iniziò da Camp Dubois, nell'attuale Illinois, il 14 maggio 1804, dopo alcuni mesi di preparazione e di reclutamento dei componenti. Il racconto di Marge cita le difficoltà e gli ostacoli che nella realtà rischiarono di far fallire la spedizione, a partire dal difficile inverno del 1804-1805 durante il quale gli esploratori corsero il pericolo di morire di fame. Furono i membri della tribù di Sacajawea a salvarli (anche se nell'episodio Lewis-Lenny

[24] Il terzo episodio raccontato da Marge ha invece molto poco di storico. Esso è un racconto *sui generis* della vita di Mozart e della competizione con il compositore di corte Salieri. In realtà si tratta di una citazione del film di Milos Forman *Amadeus* (1984), una storia molto romanzata della vita e della morte di Mozart.

saluta il capo Shoshone Homer dicendogli: «Benvenuti negli Stati Uniti d'America»!). La donna era sposata con il franco-canadese Toussaint Charbonneau (interpretato da Milhouse Van Houten) e quindi la sua presenza fu importante per le traduzioni e per la sua familiarità con le tribù indigene. Arrivati al fiume Columbia, la "strada" d'acqua per il Pacifico che si intravede da lontano, Clark-Carl dice alla nativa americana: «Non ti dimenticheremo mai, Pocahontas». Mentre Lewis-Lenny le promette: «Ti sarà conferita la massima onorificenza da questo Paese!».[25]

I nativi americani compaiono anche in *Piccolo grande amore*. Già nel titolo originale (*Little Big Girl*) viene richiamato per assonanza il nome del famoso fiume, *Little Big Horn*, nei pressi del quale si svolse il 25 giugno 1876 la battaglia tra i Lakota, i Cheyenne e gli Arapaho da una parte e il 7° reggimento di cavalleria dell'esercito americano, guidato dal generale Custer, dall'altra.

In questa occasione è addirittura la stessa Lisa a spacciarsi come discendente di una fantomatica tribù Hitachi che sarebbe stata sterminata dalla «sporca guerra, dalle malattie e dalla avidità degli europei invasori». Il riferimento è alla diffusione con effetti devastanti delle malattie europee tra i nativi americani e al graduale esproprio delle loro terre che determinarono quello che è passato alla storia come un vero e proprio genocidio.[26] Si è calcolato che solo nel Nordamerica circa un milione di nativi furono uccisi tra il 1600 e il 1890 da malattie, epidemie, denutrizione, deportazioni forzate in terre aride e inospitali e veri e propri

---

25 L'episodio è andato in onda per la prima volta nel febbraio del 2004. Dal 2000 si era cominciata a coniare una moneta, il dollaro di Sacajawea, del valore di un dollaro. Ma in effetti, come si deduce dal finto entusiasmo con il quale Marge alla fine del racconto la mostra ai bambini («Questo è un dollaro Sacajawea, si può scambiare in banca con un dollaro vero! Eh?!»), essa non riscosse grande successo tra il pubblico americano. Dal 2002 al 2008 e poi di nuovo dal 2012 in avanti, infatti, non è stata messa in circolazione.

26 Si veda Jared Diamond, *Armi, acciaio e malattie*, Einaudi, Torino 2006.

massacri come quello più famoso di Sand Creek del 29 novembre 1864 nel quale centinaia di donne, vecchi e bambini di un accampamento Cheyenne furono uccisi da 700 soldati americani.

In *La festa delle mazzate* il sovrintendente scolastico Chalmers (dopo aver contato le 50 stelle della bandiera americana che sventola in una classe e aver esclamato: «Bene, la bandiera è aggiornata»[27]) chiede a Lisa quando si è svolta la battaglia di New Orleans. La bambina prontamente risponde: «L'8 gennaio 1815. Due settimane dopo la fine della guerra». La precisazione di Lisa coglie un aspetto noto di quella che passò alla storia con il nome di *Needlessbattle*, "battaglia inutile". Essa fu l'ultimo importante scontro della guerra anglo-americana iniziata tre anni prima. Il conflitto era scoppiato nel giugno del 1812 per una serie di concause: le restrizioni imposte al commercio navale dal Regno Unito; la pratica della Royal Navy di reclutare con la forza marinai statunitensi nei propri ranghi; il sostegno britannico ai nativi americani nella loro resistenza contro l'espansionismo statunitense verso ovest e alle mire territoriali del governo di Washington sulla colonia britannica del Canada. La battaglia si svolse a New Orleans, appunto, tra le forze americane guidate dal futuro presidente Andrew Jackson e gli inglesi che avevano occupato la città. Si rivelò inutile (ma cruenta, i caduti furono circa 1.500) perché, qualche settimana prima, il 24 dicembre 1814, era stato sottoscritto a Gand un trattato con il quale i contendenti si impegnavano a restituire le terre occupate e a ricostituire lo *status quo ante*. Ma la notizia della stipula della pace, a causa della lentezza delle comunicazioni tra le due parti dell'Oceano

[27] Mentre quella che Homer fa vedere ad Apu per insegnargli la storia americana (e molto probabilmente da lui sottratta alla biblioteca pubblica) ha solo 46 stelle. Forse perché, come mostra di sapere Apu, risalente al brevissimo periodo tra il 6 gennaio e il 14 febbraio del 1912, quando entrarono a far parte degli Stati Uniti, rispettivamente, il New Mexico e l'Arizona (prima delle Hawaii e dell'Alaska).

Atlantico, non era ancora arrivata (il telegrafo elettrico sarà inventato da Morse solo nel 1837). Per questo Lisa può affermare che la battaglia avvenne, paradossalmente, due settimane dopo la fine della guerra.

Anche la guerra di Secessione è citata più volte. Ne troviamo una parodia nell'episodio *Homer il grande* quando Homer, diventato il capo dell'Associazione dei Tagliapietre, in un delirio di onnipotenza, pensa di fare recitare la guerra civile americana a un branco di scimmie in costume d'epoca. E, in effetti, nella scena finale si vedono le scimmie vestite da soldati unionisti e confederati rappresentare la battaglia di Gettysburg del luglio 1863, nella quale l'esercito unionista sconfisse quello confederato dell'Armata della Virginia settentrionale.

In *Tanto Apu per niente*, Apu deve sostenere un esame sulla storia americana per poter ottenere la cittadinanza statunitense. Alla domanda dell'impiegato sulla causa della guerra di Secessione, risponde: «A dire verità, cause erano molte: a partire da ovvia divisione tra abolizionisti e antiabolizionisti e poi fattori economici sia domestici che internazionali». Al che l'impiegato taglia corto: «Ehi, ehi, dica schiavitù e basta». Apu: «E sia schiavitù, signore».

Nel quindicesimo episodio dell'ottava stagione (*La fobia di Homer*) i Simpson sono costretti a vendere un cimelio di famiglia appartenuto alla nonna di Marge per pagare una astronomica bolletta del gas. Si tratta di una statuetta della guerra di Secessione che raffigura un soldato sudista con la bandiera degli Stati confederati d'America. Al venditore di "cianfrusaglie" al quale cercano di vendere il prezioso manufatto, Lisa si affretta a precisare: «Non intenda il possesso di questo oggetto come un nostro consenso alla schiavitù». In realtà, si scopre che la statuetta è una bottiglia di liquore, ricordo dell'alcolismo segreto della nonna.

In *Il consiglio professori-genitori si scioglie* la classe di Bart va in gita scolastica al parco storico *Diz-nee* (dove un cartello recita

«Scusate ma il lucro è indispensabile»). Ma Skinner non dispone dei soldi necessari per tutti e cerca di far assistere i bambini alla ricostruzione storico-didattica da dietro una staccionata. A un certo punto, un attore che interpreta un soldato sudista nella rappresentazione della guerra di Secessione, notando che gli studenti della scuola elementare di Springfield assistono allo spettacolo senza aver pagato il biglietto, grida «Ehi, quelli stanno cercando di imparare gratis!».

Gli episodi che più di altri si focalizzano sulla storia degli Stati Uniti d'America dal periodo coloniale alla guerra di indipendenza dalla Madrepatria inglese, come *Bart rischia grosso, Il signor Lisa va a Washington, La Festa delle mazzate*, sono stati trasmessi, rispettivamente nel 1990, 1991 e 1993. Ricordiamo che, subito dopo, nel 1994, negli Stati Uniti si verificò un acceso dibattito pubblico intorno all'insegnamento della storia nelle scuole del Paese.[28] Nell'autunno di quell'anno erano stati pubblicati i *National Standards for United States History*, una raccolta di problemi, idee e concetti relativi alla storia degli Stati Uniti che ogni studente americano tra i 10 e i 18 anni avrebbe dovuto conoscere.[29] Il progetto era nato sotto le amministrazioni repubblicane di Reagan e di Bush ed era stato portato a termine durante la presidenza Clinton. Ma l'approccio storico-politico che vi stava

---

[28] Arnaldo Testi, "Il passato in pubblico: un dibattito sull'insegnamento della storia nazionale negli Stati Uniti", in *Storica*, n. 6, 1996, pp. 7-53.

[29] Nei *Simpson* troviamo citati i più importanti eventi, personaggi e processi della periodizzazione proposta dai *National Standards*: la colonizzazione (*Lisa l'iconoclasta, Limone di Troia*); la rivoluzione americana, la Costituzione e la nascita degli Stati Uniti (*Il signor Lisa va a Washington, Bart rischia grosso*); la guerra di Secessione e l'abolizione della schiavitù (*Il colore giallo*); la nascita dell'America moderna (*Bart smette di annusare le Roosevelt*); la grande depressione e il New Deal (*Boe dagli stracci ai ricchi*); la guerra fredda (*Crêpes alle crêpes, vino al vino*; *Adozione Made in China, Marinaio Homer*); gli Stati Uniti contemporanei (*Alla faccia della bandiera, Mypod d'ottone e manicotti di dinamite, Homerland* ecc.).

alla base era più vicino a quello della cultura *liberal* e progressista. Nei *National Standards* la storia veniva considerata come una disciplina di formazione civica (e questa impostazione è spesso presente nei *Simpson*, soprattutto quando la protagonista è Lisa), una risorsa strategica in una società democratica, precondizione di una corretta informazione politica. I conservatori attaccarono il testo e proprio colei che aveva avviato il progetto, Lynne Cheney (che Clinton aveva sostituito con Sheldon Hackney), moglie del vicepresidente Dick Cheney durante la presidenza Bush jr, accusò gli estensori dei *National Standards* di avere tradito le intenzioni originarie dello stesso.[30]

In America il dibattito pubblico sulla storia è parte integrante dell'ideologia nazionale. L'americanismo, come tutti gli altri idealismi nazionali ottocenteschi, narra le vicende collettive del Paese promuovendo un raccordo tra passato e futuro e quindi implica una conoscenza storica.[31] Alcuni prodotti della *popular culture*, come la cinematografia (basti pensare ai film western e a quelli di guerra), si sono sempre nutriti dei riferimenti alla storia e alla memoria storica nazionale in una continua rielaborazione dell'epopea della costruzione della Nazione.

La visione storica riguardo alla formazione nazionale quale emerge nei *Simpson* è abbastanza lontana dall'idea che l'America sia la manifestazione di un disegno provvidenziale. In molti episodi traspare una lettura non celebrativa della storia americana, basti pensare a come vengono raccontati il maccartismo, l'intervento in Vietnam, l'amministrazione Nixon e le presidenze repubblicane in genere. La figura del Nonno esemplifica spesso

30 Molte di queste idee dei conservatori sono state fatte proprie in campagna da Donald Trump, candidato repubblicano alla presidenza degli Stati Uniti per le elezioni dell'8 novembre 2016.

31 Arnaldo Testi, "Il passato in pubblico", cit., p. 31.

alla perfezione le posizioni politiche di un Newt Gingrich,[32] la cui professione è tra l'altro quella di storico, o di un Rush Limbaugh,[33] un noto commentatore di estrema destra. E le filippiche sulla storia americana di Abe sono spesso molto simili alle critiche dei repubblicani contro i *National Standards* in quanto considerati come espressione della *political correctness*. Essa, a parere dei conservatori, ha dato vita a una storia ideologizzata in senso progressista, basata sul culto del multiculturalismo e sul mancato riconoscimento del primato della civiltà occidentale.

In realtà, le posizioni di molti sceneggiatori dei *Simpson* sembrano più vicine alla storiografia progressista della prima metà del Novecento, che tendeva a vedere nella storia americana l'inveramento di un progetto di democrazia nazionale. Esso si sarebbe realizzato a fatica ma in modo costante e progressivo nel tempo. È ciò di cui Lisa si rende conto nel finale di *Il signor Lisa va a Washington*, quando capisce che in fondo la corruzione non riesce a trionfare in una Nazione dove il "sistema" (e per sistema

---

32 Newt Gingrich è un dirigente nazionale del Partito repubblicano. È stato presidente della Camera dei Rappresentanti dal 1995 al 1999. Durante i quattro anni della sua presidenza alla Camera, Gingrich si è spesso opposto al presidente Bill Clinton, ma ha anche lavorato a stretto contatto con lui nel 1996 per limitare il debito pubblico. Educato in una famiglia di fede luterana, il 29 marzo 2009 è stato battezzato nella Chiesa cattolica. Il racconto della sua conversione è stato pubblicato il 26 aprile 2011, con il titolo "Newt Gingrich: Why I Became Catholic", sul *National Catholic Register*, il più antico periodico cattolico a diffusione nazionale degli Stati Uniti.

33 Rush Hudson Limbaugh III è un conduttore radiofonico e giornalista statunitense, di posizioni nettamente conservatrici. Ha iniziato a lavorare in radio all'età di 16 anni, conducendo vari programmi come dj. Negli anni Ottanta ha iniziato a condurre il proprio talk show sull'emittente KFBK di Sacramento, in cui i suoi commenti politici vengono alternati con i commenti degli ascoltatori. La trasmissione poi è andata in onda su tutto il territorio nazionale, trasmessa dall'emittente newyorchese WABC. Il suo programma attuale, *The Rush Limbaugh Show*, è il più seguito talk show radiofonico del Paese.

si intende la democrazia) funziona.[34] È ciò che informa il concetto espresso da Schlesinger quando afferma che l'unità della storia americana è data dalla coesione politica che ha legato gli individui e la Nazione sulla base di valori comuni come libertà, democrazia e diritti umani.[35]

Molti episodi anticipano dunque in parte quanto verrà scritto nei *National Standards*, i quali vedranno nella Costituzione e nel *Bill of Rights* «il periodo più creativo del costituzionalismo nella storia americana» e nella generazione rivoluzionaria quella che «formulò la filosofia politica e gettò le fondamenta istituzionali del sistema di governo sotto il quale viviamo».[36]

---

34 Le conclusioni di Lisa sembrano far tesoro della lucida analisi sulla democrazia americana di Alexis de Tocqueville in *La democrazia in America* (a cura di C. Vivanti), Einaudi, Torino 2006.

35 Arthur M. Schlesinger jr, *La disunione dell'America*, Diabasis, Parma 1995.

36 *National Standards for United States History*, National Center for History in the Schools, University of California, Los Angeles, 1994, coord. G.B. Nash e C. Crabtree, p. 70, citato da A. Testi, "Il passato in pubblico", cit., p. 44.

Lisa, Bart e l'"invenzione della tradizione"

> Conduttore televisivo: Una leggenda dice che Jebediah uccise un orso con le sue sole mani. Ma storici moderni hanno da poco scoperto prove che dimostrano che fu l'orso a uccidere lui (*La testa parlante*).

> Kent Brockman: Ma prima diamo un'occhiata alla locale festa delle mazzate che è stata definita "disgustosa" e "puerile" da un convegno di montanari (*La Festa delle mazzate*).

> Bart: Quell'albero di limoni fa parte della nostra città ed è la spina dorsale della nostra economia. Ce lo riprenderemo, oppure ostruiremo i loro fiumi con i nostri morti (*Limone di Troia*).

Lo sceneggiatore dell'episodio intitolato *Lisa l'iconoclasta* sembra aver fatto tesoro delle teorie di tre storici americani che nel 1994 pubblicarono il saggio *Telling the Truth about History*. Essi vedevano nei cambiamenti intervenuti nel settore dell'istruzione superiore e universitario dopo la seconda guerra mondiale, tra i quali l'aumento del numero degli studenti dai 2 milioni del 1947 ai 13 milioni del 1988, e nella sua maggiore democratizzazione le cause di una robusta iniezione di scetticismo e di revisionismo nella storiografia americana. Lo spirito della ricerca democratica faceva cadere princìpi di autorità e assolutismi intellettuali.[37] Tra i fenomeni di democratizzazione della cultura del periodo preso in considerazione vanno ricordate le politiche di *affirmative action*, espressione di una pratica introdotta negli Stati Uniti nel 1960 e intesa a combattere la discriminazione razziale nel processo di assunzione e di ingresso al college. L'*affirmative action* divenne

---

37 Joyce Appleby, Lynn Hunt, Margaret Jacob, *Telling the Truth about History*, Holt, New York 1994, p. 283.

legge il 6 marzo del 1961, durante il primo mandato presidenziale di John F. Kennedy. In base a un ordine esecutivo del presidente il governo, nell'assumere i propri impiegati, si impegnava a non discriminare alcun candidato in base alla razza, al credo religioso, al colore della pelle o alla propria origine nazionale. Nel 1965 il presidente Lyndon B. Johnson firmò un nuovo ordine esecutivo che impegnava il governo federale «a promuovere la piena realizzazione delle pari opportunità di impiego». Nel 1967 il concetto di *affirmative action* fu esteso fino a includere le discriminazioni in base al sesso.

Lisa è il personaggio dei *Simpson* che più di ogni altro incarna la cosiddetta voce fuori dal coro, lo spirito critico, il punto di vista diverso e dissonante rispetto alla maggioranza dei suoi concittadini. Nel caso di *Lisa l'iconoclasta,* la puntata dedicata al fondatore della città, infatti, la sua ricerca della verità, che secondo Brunetto Salvarani[38] è la base dell'atteggiamento dello scettico, finisce per dare fastidio al senso comune springfieldiano. In molti episodi dei *Simpson* viene messa in gioco una serie di valori, in opposizione o in concordanza (bene/male, ordine/disordine, integrazione/espulsione). In questa puntata, l'opposizione di valori è quella tipica del campo storico: tra verità e menzogna.

Fondata nel 1796 da un gruppo di pionieri, probabilmente puritani, del Maryland, in un territorio già appartenuto a una tribù di nativi americani, la città fu teatro di due battaglie durante la guerra di Secessione. Nella seconda metà del XX secolo Springfield avrebbe conosciuto un breve periodo di sviluppo economico in seguito all'invenzione da parte di uno dei suoi abitanti dell'Acquacar, un'automobile capace di galleggiare come una barca. Il fallimento dell'Acquacar, a causa della scoperta che quest'ultima esplodeva dopo appena 50 chilometri di percorrenza, avrebbe determinato il crollo dell'economia cittadina. La crisi

---

[38] Brunetto Salvarani, *op. cit.*

economica sarebbe stata aggravata dalla chiusura della base militare locale attorno alla quale era sorto un fiorente mercato di prostituzione e alcolici. Per risollevare l'economia della città, i cittadini di Springfield accettarono la proposta di Montgomery Burns di impiantare sul proprio territorio una centrale nucleare. Essa sarebbe diventata ben presto la principale fonte di occupazione per gli abitanti, compreso il capofamiglia dei Simpson.

Per meglio approfondire la figura di Jebediah, Lisa compie il percorso tipico di ogni indagine storica: scelta del tema, raccolta delle informazioni, formulazione di una ipotesi, interpretazione dei dati raccolti e pubblicazione delle conclusioni cui si è arrivati.

Da storica in erba, dunque, Lisa cerca di risalire alle fonti e si reca presso la locale Associazione per la storia di Springfield (un incrocio tra un museo e un archivio storico locale).[39] Approfittando di un momento di distrazione del direttore del museo, Hollis Hurlbut, prende il flauto appartenuto a Jebediah e cerca di suonarlo (come è noto, Lisa suona abitualmente il sassofono) ma dallo strumento non fuoriesce alcuna nota perché il flauto è ostruito da un piccolo rotolo. Questo rappresenta il materiale di lavoro preferito dagli storici dell'età moderna: una sorta di testamento che contiene le ultime dichiarazioni dello stesso Jebediah. Il documento è una tipica fonte primaria, prodotta dal protagonista di un evento storico che, in questo caso, permette di rileggere la storia da un punto di vista completamente diverso da quello ufficiale. La storia ufficiale ha tramandato un'immagine del fondatore di Springfield come quella di un uomo mite, saggio e coraggioso, che aveva domato un bisonte selvatico.

In realtà, dalle memorie dello stesso Jebediah emerge l'immagine di un pirata pluriomicida di nome Hans Sprungfeld che si era poi unito a un gruppo di pionieri nascondendo loro la sua vera identità. La stessa vicenda del bisonte non si era svolta come

---

[39] Il cartello esterno recita: «Associazione storica di Springfield. Dove i morti diventano vivi (metaforicamente!)».

tramandato dalla tradizione. Il bisonte era addomesticato e Jebediah gli aveva solo sparato.[40] La sua lingua era d'argento perché quella vera gli era stata staccata a morsi da un pirata turco durante una lite.

Lisa, appresa la verità, rimette tutto a posto e non rivela nulla al direttore del museo. Confidandosi con i suoi genitori, ha un duro confronto con la madre che la rimprovera e la accusa di offendere la memoria di un grande uomo. Homer invece le crede. Lisa continua la sua ricerca e scopre che Sprungfeld era stato uno dei criminali più pericolosi negli anni Settanta del XVIII secolo e che nel 1781, anno della vittoria dell'esercito americano guidato da George Washington sulle truppe inglesi, aveva addirittura attentato alla vita del primo presidente degli USA. Quando però Lisa presenta il suo compito alla maestra, questa la punisce con un voto mediocre. Lo stesso avviene quando Lisa e Homer si recano presso la sede dell'Associazione storica di Springfield dove la bambina ha un interessante scambio di opinioni sulla metodologia della ricerca storica con il direttore. Al direttore che liquida il testamento di Sprungfeld come un falso storico, «come il testamento di Howard Hugues,[41] i diari di Hitler e la ritrattazione dell'emancipazione», Lisa ribatte che poiché non si hanno no-

---

[40] Jebediah è interpretato sullo schermo dal solito, e inarrivabile, Troy McClure, in sella a un bisonte palesemente finto. Evidente è anche la finzione scenica quando una "giraffa" avvicina il microfono all'attore che sta per pronunciare le fatidiche parole, riportate sul basamento del monumento dedicato al fondatore: «Uno spirito nobile titaneggia anche nell'uomo più piccolo» (sorta di anticipazione della falsa storia di Jebediah Springfield).

[41] Howard Hugues (1905-76) è stato un imprenditore, regista, aviatore e produttore cinematografico statunitense. Fu una personalità complessa e, a detta di molti, geniale, anche se soffrì a lungo di problemi psichici, dovuti molto probabilmente a una forma di sifilide contratta in gioventù. Non lasciò alcun testamento, così la sua eredità – calcolata in circa 5 miliardi di dollari dell'epoca – fu per decenni contesa tra una cinquantina di pretendenti, fra i quali decine di presunti figli illegittimi.

tizie di Jebediah anteriori al 1795, anno precedente a quello della fondazione della città, questa data diventa un *terminus ante quem* a sostegno della tesi che vede nel fondatore della città un impostore. In seguito a molte insistenze, Homer ottiene dal sindaco Quimby che la salma di Jebediah venga riesumata, per vedere se effettivamente nella bara si trovi la lingua d'argento che sarebbe una prova a sostegno della tesi di Lisa. Quando il tuttofare della scuola Willie riporta la bara in superficie, il direttore del museo la scoperchia causando un'enorme nuvola di polvere. Appena la polvere si dirada, nella bara si riescono a vedere soltanto delle ossa. Della lingua d'argento non c'è alcuna traccia. Quella notte Lisa ha gli incubi. Gli appaiono in sogno i fantasmi di Jebediah e di Washington. Il primo la accusa di averlo offeso. Il secondo invece la sprona a continuare la ricerca della verità e le offre un prezioso indizio. Lisa scopre allora che il documento con le confessioni di Jebediah non è altro che il retro di un lembo della tela con il ritratto dello stesso Washington esposto nel museo, rimasto attaccato alla suola dello stivale del pirata mentre fuggiva dopo la colluttazione con il futuro presidente americano. La piccola Simpson torna quindi al museo e riesce a trovare la lingua che è stata "travestita" da pistolero e collocata in un plastico che ricostruisce una tipica scena western. A nasconderla era stato il direttore in persona (d'altronde abituato a nascondere la polvere sotto il tappeto, come fa in una sequenza che lo vede intento a fare le pulizie al museo), che l'aveva trafugata dalla bara nel momento in cui tutti erano accecati dal polverone. Il direttore si giustifica con la bambina dicendo che aveva nascosto la lingua nel timore di perdere il lavoro e per la vergogna di aver dedicato la vita a un impostore. Il direttore si pente di aver tentato di insabbiare una verità scottante e invita Lisa a rivelare quanto ha scoperto alla cittadinanza.

Durante la tradizionale parata in memoria del fondatore della città, il corteo viene fermato e Lisa viene invitata sul palco a prendere la parola. Ma quando si trova davanti ai cittadini di

Springfield, mentre un cecchino assoldato da Quimby si prepara a colpirla qualora si accingesse a offendere il fondatore, Lisa si rende conto che tutti la guardano grati e commossi, convinti che debba rivelare qualcosa di positivo sul conto di Jebediah, per il quale stravedono. Lisa capisce che la figura eroica e leggendaria di Jebediah Springfield, in fondo, non fa altro che permettere a ogni cittadino di esprimere il meglio di sé a ogni anniversario della fondazione della città. Afferma quindi entusiasta che Jebediah era un grande uomo e che le celebrazioni possono continuare.

Nel 1983 Eric Hobsbawm e Terence Ranger pubblicarono un libro dal titolo *The Invention of Tradition.*[42] Nel saggio introduttivo di questo volume Hobsbawm afferma che molte tradizioni apparentemente antiche hanno in realtà un'origine recente e talvolta sono inventate di sana pianta. Le "tradizioni inventate" sono spesso frutto di un processo di rielaborazione del passato da parte di comunità locali o nazionali per dare a sé stesse una forma di legittimità. La definizione esatta di "tradizione inventata" fornita dallo storico inglese è la seguente:

> per "tradizione inventata" si intende un insieme di pratiche, in genere regolate da norme apertamente o tacitamente accettate, e dotate di una natura rituale o simbolica, che si propongono di inculcare determinati valori e norme di comportamento ripetitive nelle quali è automaticamente implicita la continuità con un passato storico opportunamente selezionato.[43]

Le invenzioni appartengono sostanzialmente a tre gruppi, in base alla funzione da esse assolta: stabilire o simbolizzare la coesione sociale o l'appartenenza a gruppi e a comunità, reali o artificiali; legittimare istituzioni, status, gerarchie sociali o rapporti di

---

[42] Eric Hobsbawm e Terence Ranger, *The Invention of Tradition*, Cambridge University Press, Cambridge 1983 (t.d.a.).

[43] *Ibidem*, pp. 1-2 (t.d.a.).

autorità; divulgare credenze, sistemi di valori e codici convenzionali di comportamento.

La teoria, come si può notare, è ben esemplificata dalle vicende narrate in *Lisa l'iconoclasta*. Una classica città di provincia come Springfield festeggia ogni anno l'anniversario della sua fondazione e il suo fondatore. Sulla figura di quest'ultimo, però è stata inventata una tradizione che non solo "prescinde" dalla realtà ma addirittura ne è una palese contraffazione e falsificazione. Tuttavia, la figura del fondatore e la celebrazione dell'anniversario della fondazione favoriscono la coesione sociale di una comunità, come quella di Springfield, che normalmente è invece attraversata da conflitti e tensioni di vario genere (sociale, politico, economico ecc.).

La decisione del sindaco Quimby di far eliminare chiunque possa mettere in discussione la figura del fondatore è una prova che la "tradizione inventata" serve a "legittimare le istituzioni".

Lisa incarna la figura del ricercatore che non si accontenta della "verità costruita" e della "tradizione inventata" ma la decostruisce utilizzando acume, sagacia, spirito di osservazione e, soprattutto, i documenti. A differenza di uno storico, però, Lisa decide di non rivelare la verità alla comunità, facendosi guidare dalle emozioni e dalla passione anziché dalla razionalità. Ma se leggiamo qualche altra pagina del volume di Hobsbawm e di Ranger la scelta di Lisa non è poi così incomprensibile. Scrive infatti Hobsbawm:

> [...] poiché la funzione di compattamento e di consolidamento della coesione sociale assolta dal processo di invenzione della tradizione fornisce legittimazione all'agire di un gruppo, e poiché la tradizione inventata fa appello alla storia per avocare a sé una fonte di legittimità, ne consegue che gli storici stessi, con il loro incessante creare, demolire e ristrutturare immagini del passato, partecipano, anche inconsapevolmente, a delineare il retroterra a cui l'invenzione della tradizione potrà attingere e fare riferimento. Gli storici contemporanei devono quindi avere la consa-

> pevolezza del fatto che, indipendentemente dalla loro volontà e dagli obiettivi che essi si pongono, i loro risultati non rimangono confinati al loro settore scientifico ma finiranno per incidere anche sulla "sfera pubblica" dell'uomo in quanto essere politico, prestandosi pertanto a ogni uso politico e strumentale.[44]

Jebediah, questa volta in forma di statua in bronzo posta al centro della piazza principale di Springfield, è protagonista anche dell'episodio *La testa parlante*. Bart, sfidato da alcuni teppisti, sega nottetempo la testa della statua (si risveglierà l'indomani mattina con la testa di bronzo sotto le lenzuola, in una mirabile citazione del *Padrino* di Francis Ford Coppola). La bravata sconvolge i suoi concittadini i quali, quando vengono a sapere che il responsabile dell'atto vandalico è proprio Bart, lo inseguono per linciarlo. Bart si salva facendo capire ai suoi concittadini come quanto accaduto abbia unito la città e insegnato a tutti a essere fieri del proprio passato: «è stato solo dopo che ho rimosso la testa di Jebediah Springfield che ci siamo resi conto che stavamo dando per scontate le nostre radici». Tutti sono d'accordo e, in nome della tradizione, Bart viene perdonato.

In altri due episodi, *La festa delle mazzate* e *Limone di Troia*, compaiono altri due "miti tradizionali". In entrambi i casi si tratta di "miti" attorno ai quali si costruisce l'identità locale e nel primo, in particolare, si parla di una festa, che si tiene ogni 10 maggio, istituita da Jebediah Springfield. Durante questa festa i cittadini di Springfield si riuniscono per far confluire dei serpenti nel centro della città e "spedirli in paradiso" a colpi di mazza. Anche in questa occasione, Lisa si oppone al senso comune e riesce ad avere dalla sua parte un sostenitore d'eccezione, il cantante Barry White che, grazie alla sua voce profonda, riesce ad attirare tutti i serpenti in casa Simpson salvandoli. In questo caso è però

[44] *Ibidem*, pp. 12-13 (t.d.a.).

Bart a scoprire la base storica reale della festa che, contrariamente all'episodio *Lisa l'iconoclasta,* alla fine viene a galla.

All'inizio dell'episodio Bart viene espulso dalla scuola per aver investito con il trattore di Willie il sovrintendente Chalmers. Marge trasforma allora il garage di casa in una scuola privata dove lei stessa si occuperà di dare lezioni al figlio. Cercando di far interessare Bart alla storia per mezzo della letteratura, gli propone la lettura di un libro. Si tratta di *Johnny Tremain,* un romanzo storico scritto nel 1943 da Esther Forbes, ambientato a Boston nel periodo della rivoluzione americana.[45] Esso narra delle crescenti tensioni tra i patrioti e i lealisti a Boston. Il porto della città, infatti, fu teatro del famoso atto di sabotaggio compiuto il 16 dicembre 1773 da alcuni patrioti della costa atlantica del Nord America: essi, travestiti da nativi americani, gettarono in mare diverse ceste di tè della Compagnia delle Indie orientali, danneggiandole irreparabilmente. Il fatto, noto come *Boston Tea Party,* fu interpretato da molti come la scintilla che diede inizio alla guerra di indipendenza americana. Complice il fatto che il ragazzo protagonista del romanzo ha una mano sfregiata, Bart si appassiona alla vicenda.

Per approfondire lo studio dell'America coloniale Marge e Bart vanno a visitare la Città vecchia di Springfield, una versione locale di Disneyland in chiave storica popolata da comparse in costume d'epoca. Marge e Bart assistono a una ricostruzione cinematografica della figura di Jebediah Springfield. Le immagini proiettate mostrano Jebediah che combatte nella seconda battaglia di Ticonderoga e subito dopo mentre abbatte con il calcio del suo fucile un serpente durante la primissima festa delle mazzate del 10 maggio 1775. A quel punto, lo spirito storico-critico maturato da Bart coglie la contraddizione. Bart sa, per averlo studiato, che la seconda battaglia di Ticonderoga, nella quale un piccolo

[45] Esther Forbes, *Johnny Tremain,* Houghton Mifflin Harcourt – Books for Young Readers, Boston 2011 (prima pubblicazione 1943).

numero di patrioti americani si impossessarono del forte, catturando grandi scorte di polvere da sparo e di munizioni che furono poi utilizzate per l'assedio di Boston, si svolse il 10 maggio del 1775. Lo stesso giorno Jebediah avrebbe dovuto celebrare la prima festa delle mazzate. I conti non tornano e Bart esclama: «Come poteva essere in due posti contemporaneamente?». Ma una telecamera li sta spiando e due guardie della sicurezza, vestite peraltro da "cattive" giubbe rosse inglesi, trascinano prontamente via con la forza i due impiccioni.

Lo spirito di storico si è ormai impossessato di Bart che vuole andare a fondo nella vicenda. Leggendo un libro-inchiesta di Bob Woodward, *La verità sulla festa delle mazzate*,[46] scopre che la festa in realtà era stata istituita nel 1924. Si tratta di una ennesima "tradizione inventata" per coprire la scomoda realtà di un pestaggio di immigrati irlandesi avvenuto nel 1924.[47]

Un vecchio irlandese presente tra la folla di Springfield conferma: «Vero. Ne beccai di bernoccoli ma, perdiana, che spasso!». Ma cosa c'entrano i serpenti con gli irlandesi? È presto detto: secondo una leggenda, in Irlanda non ci sono più serpenti, simbolo degli dei pagani, da quando san Patrizio li avrebbe scacciati tutti dall'isola con la sua predicazione cristiana. Nell'iconografia san Patrizio è spesso rappresentato con alcuni serpenti ai suoi piedi o con un serpente arrotolato attorno al suo bastone pastorale.

Il direttore Skinner, ammirato dalle capacità investigative e autoformative di Bart e per premiarlo per aver studiato sodo, lo riammette a scuola.

Anche *Limone di Troia* ha al centro le origini di Springfield e il tema dell'"invenzione della tradizione". Dopo aver sorpreso

---

46 Il giornalista che, insieme a Carl Bernstein, rivelò dalle pagine del *Washington Post* i retroscena dello scandalo Watergate.

47 Per una singolare coincidenza, non sappiamo se cercata o no dagli sceneggiatori, il 10 maggio 1924 fu il giorno in cui il tanto discusso J. Edgar Hoover divenne direttore dell'FBI.

Bart a scrivere sull'asfalto fresco di un marciapiede appena rifatto, Marge lo rimprovera aspramente: «Non riesco a credere che tu possa vandalizzare la tua città natale. Cosa direbbe Jebediah Springfield? Che fine ha fatto l'antico orgoglio della nostra città? Quando mangi un pesce del nostro fiume, tu mangi Springfield; quando ti fai una limonata con i nostri agrumi, tu bevi Springfield. Bart, hai le radici in questa città e dovresti rispettarle. Questa città è una parte di tutti noi». Bart si mette a riflettere sulle parole di sua madre e si scopre orgoglioso della propria città. Si reca quindi insieme ai suoi compagni nel posto dove fiorisce l'albero di limoni citato da Marge. Qui i bambini di Springfield hanno uno scontro con i loro coetanei di Shelbyville, che stanno cogliendo i limoni dall'albero.

L'albero di limoni è un emblema della città di Springfield da quando il suo fondatore Jebediah separò il suo destino da quello del compagno di carovana Shelbyville Manhattan. Come racconta Nonno Simpson ai bambini seduti in cerchio attorno a lui, i due guidavano una carovana di pionieri in cerca di un luogo nel quale stabilirsi, ma erano in disaccordo su una scelta fondamentale. Shelbyville infatti pensava che gli uomini avrebbero potuto sposare le proprie cugine («Pensavo che fosse questo lo scopo del nostro viaggio») e infatti la sua statua in bronzo lo ritrarrà abbracciato a due donne discinte. I due quindi fondarono due città distinte, destinate a diventare rivali: Springfield e Shelbyville. Per contrassegnare il momento della fondazione, i cittadini di Springfield piantarono un albero di limoni, «essendo a quel tempo il frutto più dolce disponibile».

Qualche giorno dopo l'albero sparisce e le tracce del tronco trascinato portano verso Shelbyville. I bambini di Springfield decidono di andarselo a riprendere.

Quando Bart e i suoi compagni varcano il confine, il piccolo Simpson dice: «E ora, ragazzi, è giunto il momento di valicare questa linea di mistero e di pericolo, di uscire dall'infanzia e di diventare uomini». Subito dopo si incammina varcando una vera e propria "linea d'ombra" (il sole infatti proietta l'ombra proprio sulla linea del confine tra le due città). La citazione del capolavoro di Joseph Conrad, *The Shadow Line*,[48] è evidente.

Dopo inutili ricerche, Bart si traveste e si infiltra tra i ragazzi della città per farsi rivelare il luogo dove si trova l'albero ma viene scoperto e costretto alla fuga. Intanto Homer, Ned e gli altri adulti si mettono in cerca dei rispettivi figli con il camper di Ned. Scoperto il furto dell'albero, decidono di unirsi alla missione dei ragazzi. Scoprono che l'albero è in un'autorimessa, ma il proprietario non lo vuole restituire. A quel punto fanno del camper di Ned un "cavallo di Troia" (da qui il titolo). Ned lo parcheggia in divieto di sosta per farlo sequestrare. Riescono così a introdursi nell'autorimessa e a riprendere l'albero che, anche se un po' malridotto, può tornare nella sua città.

Alla fine Nonno Simpson e il suo omologo di Shelbyville raccontano entrambi ai bambini delle rispettive città la storia dell'albero in due differenti versioni. Il primo elogia gli «eroi di Springfield» che «avevano riportato l'albero al sacro suolo natio». Il secondo ricorda l'ovazione esplosa per gli «eroi di Shelbyville che esiliarono l'albero dei limoni per sempre perché era maledetto». Le due parti festeggeranno quindi con il succo di due frutti «dolci e succosi»: i limoni e le rape!

Il ruolo propagandistico della narrazione storica è qui, ancora una volta, chiaramente evidenziato.

---

48 Joseph Conrad, *The Shadow Line* (prima edizione originale: 1917); *La linea d'ombra* (prima traduzione italiana: 1929).

capitolo 2

IL "SECOLO BREVE" DEI SIMPSON

Homer e il proibizionismo

Homer: L'alcol è la mia ragione di vita e intendo mantenerla
(*Homer contro il XVIII emendamento*).

Mentre lo storico inglese Eric Hobsbawm ha proposto di periodizzare il XX secolo scegliendo come momento di avvio la prima guerra mondiale e la rivoluzione bolscevica,[1] il "secolo breve" dei *Simpson* potrebbe iniziare con gli anni Venti, i *Roaring Twenties*, il vero momento di espansione della politica e dell'economia statunitense in tutto il mondo. Questi sono anche gli anni del proibizionismo. *Homer contro il XVIII emendamento*, come si può vedere già dal titolo, che cita l'emendamento alla Costituzione americana attuato nel 1920, è ricco di riferimenti a quel periodo storico e ai «ruggenti anni Venti», perfino nelle immagini e nelle musiche. Il XVIII emendamento fu votato dal Congresso americano nel 1917 e sottoscritto dai parlamentari di due terzi degli Stati nel 1919. Insieme al *Volstead Act*,[2] esso sancì il bando sulla produzione, vendita, trasporto, importazione ed esportazione di bevande alcoliche in tutti i territori sottoposti alla giurisdizione degli Stati Uniti. La legge, che prese il nome dal deputato originario del Minnesota Andrew J. Volstead, si rese necessaria perché il XVIII emendamento aveva semplicemente posto fuori legge le bevande "inebrianti" ma non aveva definito le modalità di applicazione del provvedimento, e neppure che cosa dovesse intendersi con il termine "inebriante". Volstead, tra l'altro, non era nemmeno un fanatico proibizionista. La legge portò il suo nome solo perché, in qualità di presidente della Commissione giustizia della Camera dei Rappresentanti, fu incaricato di redigerne il testo.

---

1 Eric Hobsbawm, *Il secolo breve*, Rizzoli BUR, Milano 2014.

2 Si veda Bill Bryson, *op. cit.*, pp. 186-87.

Analogamente, a causa di un'involontaria ubriacatura di Bart durante la festa di San Patrizio e grazie a un'arcaica legge trovata da un bibliotecario in un vecchio documento, l'alcol viene bandito da Springfield. Tra le maggiori sostenitrici del bando troviamo le "moraliste" mogli del reverendo Lovejoy e di Ned Flanders, emule della *Woman's Christian Temperance Union*[3] e delle altre associazioni che fecero pressione sul Congresso per proibire l'alcol.

Come ai tempi del vero proibizionismo, fiorisce subito una attività clandestina di produzione e commercio di bevande alcoliche. Negli anni Venti gangster come Al Capone, Bugs Moran e Lucky Luciano sfruttarono la proibizione e l'aumento esponenziale dei prezzi dell'alcol sul mercato nero per realizzare enormi profitti con la produzione clandestina e il contrabbando degli alcolici. I forti interessi in campo determinarono violenti scontri tra le diverse bande per il controllo del territorio. Anche le forze dell'ordine si impegnarono in una lotta senza quartiere, e spesso altrettanto violenta, contro le organizzazioni criminali che prosperavano con l'alcol illegale. Nell'episodio dei *Simpson* è Homer che, all'insaputa di Marge, comincia a produrre alcol clandestino, e a indossare un cappello da gangster anni Venti, dietro l'identità del fantomatico Barone Birra, vanamente ricercato da Rex Banner. Questi incarna il tipico esemplare di poliziotto impegnato nel contrasto delle attività illecite fiorite negli anni Venti che usa gli stessi metodi spicci.

Il bar di Boe si riconverte in negozio per animali. In realtà, diventa un vero e proprio *speakeasy*, uno dei tanti club (32.000 nella sola New York nel 1920, pari al doppio rispetto al periodo precedente l'entrata in vigore del proibizionismo) dove si accedeva pronunciando una parola d'ordine e si poteva bere liberamente.

---

[3] La *Woman's Christian Temperance Union* nacque a Cleveland, in Ohio, nel 1874. Intento fondamentale dell'associazione era di creare un «mondo puro e sobrio», tramite l'astinenza sessuale, la purezza e una vita all'insegna della carità evangelica.

Alcune immagini dell'episodio, come quelle del locale di Boe pieno zeppo di gente che si sbronza, sono perfette riproduzioni delle foto storiche e delle citazioni dei tanti film ispirati all'età del proibizionismo. Lo stesso si può dire per le scene in cui i poliziotti distruggono a colpi di mitra le botti di birra. Dopo qualche anno dall'entrata in vigore del XVIII emendamento e del *Volstead Act* e dopo la strage di San Valentino del febbraio 1929 fu istituito un regime di "tolleranza zero" nei confronti del contrabbando. Al Capone e l'irlandese George "Bugs" Moran si contendevano il controllo della città di Chicago e del mercato degli alcolici, ma con questa operazione la mafia italo-americana prevalse sull'avversario. Come data venne scelto il 14 febbraio, perché Capone si trovava a Miami, convocato in un processo a deporre: questa circostanza avrebbe costituito per lui un alibi di ferro. Gli uomini di Capone, travestiti da poliziotti, riuscirono a disarmare e portare via gli scagnozzi di Moran. Ma ad attenderli non c'era una caserma, bensì un garage, dove vennero uccisi a colpi di mitragliatore. Per molti anni l'alibi di Al Capone resse, anche perché i pochi testimoni della scena videro dei poliziotti aggirarsi sul luogo della strage, e la tesi sposata fu a lungo quella di un regolamento di conti da parte di poliziotti corrotti che volevano mettere a tacere persone che sapevano troppo. Solo 40 anni dopo un vecchio gangster, Alvin Karpis, fece luce sui fatti.

In seguito a questo massacro, la polizia cominciò a sparare in modo sensazionalistico sui barili, a spaccare a manganellate le bottiglie nei locali sotto gli occhi dei fotografi, a ingaggiare frequenti conflitti a fuoco in strada con i gangster.

Il proibizionismo terminò nel 1933 quando il Congresso votò il XXI emendamento. Esso dichiarava nullo il XVIII e sanciva di fatto la fine del proibizionismo e della guerra all'alcol. Il XVIII emendamento non aveva affatto impedito la produzione, il commercio e il consumo di bevande alcoliche. Aveva soltanto alimentato la crescita della criminalità organizzata e provocato, tra l'altro, la morte di decine di migliaia di persone, avvelenate da alcolici adulterati[4] e dall'alcol a uso industriale che le autorità governative "denaturavano" aggiungendovi veleni come la stricnina e il mercurio. Come aveva esclamato acutamente Homer di fronte alla proposta di bandire l'alcol da Springfield: «Proibizionismo! Ci hanno provato nei film e non ci sono riusciti!».

A Springfield, invece, è lo stesso bibliotecario a scoprire che in realtà la legge sulla proibizione dell'alcol, promulgata 200 anni prima, era stata abolita 199 anni prima. Springfield era riuscita a restare "sobria" solo per un anno. Molto più tempo, comunque, della Springfield moderna dove un Homer felice alla fine può brindare «All'alcol! La causa di e la soluzione a tutti i problemi della vita!».

I problemi di Homer con l'alcol hanno ispirato molti episodi dei *Simpson* e l'età del proibizionismo aveva già fatto capolino in *Niente birra per Homer*. Alla fabbrica della birra Duff, un cartello risalente a quel periodo recitava: «Il proibizionismo vi avvilisce? Bevete il tonico della salute del dottor Duff». In quello stesso episodio, invece, un altro cartello della fabbrica risalente ai tempi del maccartismo recita: «Ho capito che ero un comunista perché non bevevo birra Duff».

4 In 341 campioni di whisky di contrabbando furono individuate tracce di cherosene, benzene, formaldeide, iodio, acido solforico e sapone.

Le guerre di Abe Simpson

Bart: Signore e signori, ragazzi e ragazze. Contrariamente a quanto avete appena visto, la guerra non è né affascinante, né divertente. Non ci sono vincitori, ma soltanto vinti. Non esistono guerre buone, a parte le seguenti eccezioni: la rivoluzione americana, la seconda guerra mondiale e *Guerre stellari* (*Bart il grande*).

Marge: Vediamo: congedo con disonore. Non potevamo sperare di meglio.
Homer: Non si può scrivere disonore senza la parola onore (*Marinaio Homer*).

Nonno Simpson fa una breve comparsata nella Grande Guerra, come raccontato in *Straordinaria Edna*. In questo episodio Bart deve fare un compito sulla prima guerra mondiale. Dopo aver chiesto se si tratti della guerra contro Hitler o contro Merlino e aver cercato inutilmente di concentrarsi sulla ricerca, Bart decide di chiedere notizie al Nonno. Abe risponde di averla combattuta, dopo aver naturalmente mentito sull'età.

In *Il distintivo giallo della vigliaccheria* Maggie consegna una bianca piuma di pollo a Bart per accusarlo di codardia, proprio come facevano le donne interventiste nel 1915-18 nei confronti di coloro che non partivano per la guerra.

Nonno Simpson è soprattutto un reduce della seconda guerra mondiale.[5] Sono i suoi racconti o la necessità dei membri della

---

[5] In *I Simpson. Album di famiglia senza censure*, una foto ritrae un giovane Abraham in posa con un cruciverba in mano il 23 febbraio 1945. Dietro di lui alcuni commilitoni innalzano la bandiera a stelle e strisce a Iwo Jima, in un'immagine che è rimasta nella storia della seconda guerra mondiale sul fronte del Pacifico.

famiglia di rivolgersi alla sua esperienza bellica a fungere da pretesto per una rievocazione del conflitto.

In *Bart il grande* sono molti i riferimenti alla seconda guerra mondiale. La puntata venne trasmessa negli USA il 4 febbraio 1990. Era quindi stata realizzata, presumibilmente, l'anno prima, proprio per il 50° anniversario dello scoppio del conflitto.

Il Nonno in questo caso aiuta il nipote a organizzare un esercito contro i bulli della scuola, presentandogli Herman, gestore di un negozio di cimeli di guerra ed esperto di tecniche belliche. Herman sembrerebbe a prima vista la classica figura di reduce di una delle tante guerre "impopolari" (come recita un cartello nell'episodio *Marinaio Homer*) degli USA, mutilato di un braccio, rancoroso e arrabbiato con il mondo. In realtà ha perso il braccio da bambino, avendolo sporto dal finestrino dello scuolabus. Proprio all'inizio di questo episodio la maestra Caprapall, sul pulmino guidato da Otto Disk, mette in guardia i bambini sul pericolo di sporgere il braccio dal finestrino. Quando Bart chiede a Herman se ha perso il braccio in guerra, questi gli risponde: «Be', mettiamola in questo modo... quando la vostra maestra vi dice di non sporgere il braccio dal finestrino, tu la devi ascoltare».

Dopo che Bart ha esposto il suo problema a Herman, questi lo avverte che prima di tutto ci vuole una dichiarazione di guerra: «Così tutto quello che farai sarà legale. Andrà bene questa della guerra franco-prussiana. Basterà cambiare il nome Otto von Bismarck con quello di Otto Bart von Simpson».

Viene qui citata una guerra che precede i conflitti mondiali del Novecento: la guerra franco-prussiana, che si concluderà con la vittoria dell'esercito prussiano a Sedan nel 1871 e la sconfitta della Francia. Essa fu il più importante conflitto combattuto in Europa tra l'epoca delle guerre napoleoniche e la prima guerra mondiale e si concluse con la completa vittoria della Prussia e dei suoi alleati. La conseguenza più rilevante fu la creazione dell'Impero tedesco, che ebbe un ruolo fondamentale nelle relazioni diplomatiche internazionali dei decenni successivi. La débâcle francese determinò anche la fine del secondo Impero di Napoleone III. La fine del periodo imperiale significò per la Francia l'inizio di un regime repubblicano, che – per dimensioni e influenza – divenne il più importante tra quelli allora esistenti nel continente.

Herman (senza volerlo?) coglie un aspetto sostanziale e non formale dell'inizio della guerra franco-prussiana. In realtà, fu la Francia a dichiarare guerra alla Prussia e non viceversa, come fatto intendere da Herman. Tuttavia, la frase di Herman coglie una verità di fondo e cioè che in quel caso fu la Prussia a volere e a determinare il *casus belli*. Il conflitto scoppiò infatti in seguito a una crisi diplomatica determinata dalla successione al trono spagnolo, rimasto vacante in seguito al rovesciamento di Isabella II dopo la rivoluzione del settembre 1868. Alla possibile ascesa al trono di un esponente della famiglia Hoenzollern-Sigmaringen, nonché parente dell'imperatore prussiano Guglielmo I, Leopoldo di Hoenzollern, la Francia si oppose con forza. Di fronte al rifiuto francese, il 12 luglio 1870 il principe Hoenzollern ricusò il trono ma l'imperatore francese Napoleone III non si ritenne soddisfatto e fece chiedere a Guglielmo I tramite l'ambasciatore francese a Berlino l'impegno a non presentare più la candidatura nemmeno in futuro. Guglielmo I, nonostante fosse molto indispettito da tale insistenza, oppose un composto rifiuto e attraverso il suo aiutante di campo riferì all'ambasciatore francese che considerava conclusa la vicenda della candidatura e che non si sarebbe prestato a ulteriori colloqui. Il 13 luglio telegrafò a Bismarck le circostanze dell'episodio con quello che sarebbe passato alla storia con il nome di "dispaccio di Ems". Bismarck, allora, manipolò il dispaccio in modo tale da fare apparire la risposta di Guglielmo I irrispettosa nei confronti dell'ambasciatore francese e da suscitare l'irritazione di Napoleone III. Cosa che puntualmente avvenne. L'incontro dell'imperatore prussiano con l'ambasciatore francese fu raccontato dai giornali berlinesi sulla base del documento manipolato da Bismarck e l'opinione pubblica francese lo giudicò umiliante e offensivo. Proprio in quei giorni a Parigi si celebrava con una grande parata militare la festa del 14 luglio. L'episodio non fece altro che esaltare ancora di più lo spirito nazionalista francese. Il 19 luglio la Francia consegnò alla Prussia la dichiarazione di guerra. In realtà, entrambi i governi avevano spinto per la guerra. La Francia, soprattutto dopo il fallimento del progetto di Napoleone III di annessione del Lussemburgo, fortemente osteggiato dalla Prussia, guardava ormai con malcelata ostilità alla crescente egemonia della potenza prussiana all'interno della ex Confederazione germanica e alla sua influenza sugli Stati tedeschi a sud del fiume Meno. Bismarck, al quale il capo di Stato maggiore generale Von Moltke aveva dichiarato che l'esercito prussiano sarebbe stato avvantaggiato da uno scoppio immediato del conflitto, accentuò ancora di più la portata della crisi rendendo pubbliche le richieste presentate da Napoleone III quattro anni prima ai tedeschi riguardo ai territori del Belgio e del Lussemburgo, a titolo di compenso per la neutralità francese nella guerra austro-prussiana. In tal modo egli riuscì a far apparire la Prussia come aggredita e la Francia come principale responsabile del conflitto. In realtà, la responsabilità era di entrambi gli Stati.

Herman aiuta Bart a mettere in piedi un esercito per combattere contro Nelson Muntz (il cui cognome tradisce una probabile origine tedesca) che alla fine verrà sconfitto da un bombardamento di gavettoni d'acqua.

Nell'episodio viene citato uno dei maggiori protagonisti dello sforzo bellico americano sul fronte occidentale della seconda guerra mondiale: il generale George Patton. Quando finisce l'incontro tra Herman, il Nonno e Bart, parte un motivo musicale che è identico a quello dell'inizio di un film del 1970 dedicato proprio a Patton (*Patton generale d'acciaio*).[6] Mentre Bart addestra il suo battaglione la truppa urla il motivo tratto dal film. Lo stesso discorso di Bart ai compagni riecheggia quello iniziale del film in cui Patton sprona i suoi uomini con parole dure e quasi

---

6 *Patton, generale d'acciaio*, film diretto da Franklin J. Schaffner nel 1970.

ciniche («Desidero ricordarvi che nessun bastardo ha mai vinto una guerra morendo per il proprio Paese. Se l'ha vinta è perché ha costretto altri bastardi a morire per il proprio Paese!»). Ma Abe liquida Patton con queste parole: «Quello era un piccolo squilibrato», facendo un velato riferimento alle bizzarrie del personaggio. Determinato e risoluto, a volte impulsivo e certamente abbastanza eccentrico (amava girare con un due pistole colt dall'impugnatura in avorio e un cinturone da cowboy), il generale George Smith Patton fu uno dei più importanti comandanti delle truppe americane impegnate in Europa durante il secondo conflitto mondiale. Egli dimostrò una notevole preparazione strategica nella campagna di Sicilia e soprattutto sul fronte occidentale nel 1944-45, guidando le sue truppe in una serie di brillanti vittorie fino all'invasione della Germania. La sua risolutezza e la sua determinazione gli valsero il soprannome di "generale d'acciaio".

Bart e i suoi "soldati" indossano degli elmetti con la stella che richiamano quelli delle truppe americane nella seconda guerra mondiale.

Quando la truppa di Bart sconfigge i bulli e i vincitori sfilano in strada, un bambino che indossa un berretto da marinaio bacia Lisa Simpson. Il momento del bacio viene fermato in un fotogramma a mo' di foto storica in bianco e nero, che è una evidente citazione di una delle immagini simbolo della fine della seconda guerra mondiale. Si tratta della foto scattata da Alfred Eisenstaedt che ritrae un marinaio nell'atto di baciare una infermiera durante la parata del 14 agosto 1945 a Times Square a New York per celebrare la vittoria americana sul Giappone e la fine del conflitto. Essa rende molto bene il senso di gioia e di euforia della popolazione americana dopo la fine di una guerra tragica e con milioni di vittime. Nella versione simpsoniana, invece, Lisa subito dopo essere stata baciata, da femminista in erba, si arrabbia e dice al "marinaretto": «Ehi, tieni giù quelle manacce!».

La vera storia di quella foto è stata raccontata dai protagonisti. L'infermiera era Edith Shain, impiegata in un vicino ospedale. Il marinaio, Glenn McDuffie, scomparso nel marzo del 2014, ha raccontato quel 14 agosto 1945 destinato a diventare memorabile: «Ero appena uscito dal metrò, quando una ragazza mi disse che la guerra era finita. Io corsi in strada urlando di gioia. Vidi un'infermiera che sorrideva e mi sono buttato su di lei».[7] Si tratta di una delle coppie più famose al mondo, sebbene l'identità di entrambi sia rimasta sconosciuta per un trentennio, sino a quando la stessa Shain scrisse al fotografo rivelando di essere la giovane infermiera della celebre fotografia, e si prestò a diversi scatti commemorativi dell'originale sino alla sua scomparsa alla veneranda età di 91 anni. McDuffie, invece, si è dovuto sottoporre al test della verità.

In *Natale riveduto e corretto*, Abe racconta di essere riuscito a tornare a casa, dopo che il suo aereo era stato abbattuto dai giapponesi, costruendosi una moto d'acqua. Ma ritornato a casa a guerra finita «nessuno poteva più baciare le infermiere».

L'infuriato Abe Simpson e suo nipote brontolone in "La maledizione del pescediavolo battagliero" è uno dei pochi episodi interamente dedicati a un singolo periodo storico.

La puntata inizia con la morte di un ex commilitone di Abraham Simpson che lascia lo stesso Abe e Burns come unici superstiti del plotone *Pescediavolo battagliero*, che combatté sul fronte tedesco durante la seconda guerra mondiale. Negli ultimi giorni del conflitto, nel corso dell'offensiva delle Ardenne, i membri del plotone avevano snidato dei tedeschi da un castello abbandonato. Lì vi avevano trovato una cassa contenente vari quadri di grande valore. Essi avevano stretto quindi un patto, decidendo che il tesoro sarebbe stato custodito e sarebbe andato

---

7 Pierangelo Sapegno, "Times Square 1945 – Il mio bacio lungo 60 anni", *la Stampa*, 14 marzo 2014.

a chi fosse sopravvissuto più a lungo. Per entrare in possesso dei quadri, Burns assolda un killer che uccida il Nonno ma questi riesce a rifugiarsi a casa di Homer. Qui racconta a Bart la vera storia del *Pescediavolo battagliero*. Dal racconto del Nonno veniamo a sapere, tra l'altro, che un giorno tra gli obiettivi di Abe c'era proprio Hitler (l'inquadratura attraverso il mirino del fucile è una citazione delle famose fotografie in cui Hitler, ancora durante la primavera del 1945, incontra e premia alcuni membri della *Hitlerjugend*) e stava quasi per ucciderlo, quando una palla da tennis tirata dall'ignavo Burns lo colpì facendogli fallire il colpo. All'inizio Bart non gli crede ma poi lo aiuta a recuperare il tesoro. I quadri vengono però confiscati dal Dipartimento di Stato e consegnati al legittimo erede dei vecchi proprietari, un giovane arrogante e del tutto privo di interesse per l'arte. Abe ha però dimostrato a Bart di non essere stato sempre un «patetico, vecchio rimbambito» e al bambino che gli chiede se avrebbe potuto far parte del *Pescediavolo battagliero*, Abraham risponde: «Hai fegato da vendere, un comportamento inqualificabile e un'istruzione da quarta elementare. Potevi anche diventare sergente!».

Questo episodio fa venire in mente, per contrasto, la vicenda dei *Monuments Men*, che è diventata molto più nota negli ultimi anni grazie al libro pubblicato da Robert M. Edsel nel 2009[8] e all'omonimo film con George Clooney del 2014. I *Monuments Men* furono dei soldati e degli esperti d'arte in servizio presso gli eserciti alleati durante la seconda guerra mondiale, incaricati di recuperare e di sottrarre alla distruzione migliaia di opere d'arte razziate dalle armate tedesche in Francia, Belgio, Italia ecc.

In altri episodi troviamo Abe nel teatro di guerra del Pacifico. In *Natale riveduto e corretto*, per esempio, Abe racconta ai suoi nipoti Bart e Lisa dei combattimenti della seconda guerra mondiale condotti insieme al fratello maggiore Cyrus nel Pacifico.

---

8 La traduzione italiana è di Sperling&Kupfer, Milano 2015.

Durante una battaglia aerea contro i kamikaze giapponesi, il velivolo di Cyrus viene dato per disperso e Abe insieme al tenente Burns, suo copilota, nel tentativo di cercare il fratello, si schiantano con l’aereo su un’isola deserta. Il giorno di Natale, mentre aspettano di essere tratti in salvo, Burns decide di sparare in aria per ingannare il tempo, ma accidentalmente abbatte la slitta di Babbo Natale. A questo punto Abe e Burns decidono di aiutare Babbo Natale a ricostruire la slitta, ma subito dopo Burns la ruba, stanco di aspettare i soccorsi. Abe insegue Burns e riesce a riprendere la slitta riconsegnandola a Babbo Natale, che gli promette di chiamare i soccorsi, ma non lo fa. Mentre guarda Babbo Natale andar via Abe dice: «è la cosa più folle che abbia mai visto». A proposito di cose folli, subito dopo si sente un’esplosione e in lontananza all’orizzonte appare un fungo di proporzioni mai viste. Si tratta evidentemente di una delle due bombe atomiche sganciate sulle città di Hiroshima e Nagasaki il 6 e il 9 agosto 1945 per chiudere il conflitto mondiale.

Il Giappone infatti, pur militarmente sconfitto, si rifiutava di arrendersi senza condizioni. A quel punto, anche per evitare ulteriori perdite americane in una guerra terrestre che si prospettava lunga e difficile, il presidente Truman, succeduto a Franklin D. Roosevelt, morto il 12 aprile 1945, ordinò di far sganciare la bomba atomica sulle due importanti città. Dimostrando l’altissimo potere distruttivo della nuova arma, già testata il 16 luglio 1945 ad Alamogordo nel Nuovo Messico, i generali americani speravano di costringere il Paese alla resa senza dover ricorrere all’invasione, come in effetti avvenne.

Alla fine del racconto, arriva a casa Simpson proprio Babbo Natale, che porta il Nonno a Tahiti per fargli rivedere il fratello Cyrus – che non era morto, ma soltanto scivolato su una buccia di banana e soccorso da un’indigena – felice e attorniato da 15 mogli. Questo fratello non era mai stato menzionato e il Nonno precisa che non lo sarà mai più. Trattandosi inoltre di una puntata speciale, realizzata per le festività natalizie e quindi fuori dalla *continuity* che caratterizza la serie, si suppone che questo fratello sia una delle tante invenzioni con le quali Abraham infarcisce i suoi, spesso sconclusionati, racconti.

In *Lunga sfiga alla Regina*,[9] Bart decide di offrire una gita alla famiglia con i soldi guadagnati dopo aver allestito un museo sulla propria casa sull'albero (pezzo forte una banconota da mille dollari persa dal signor Burns). Il Nonno dice di voler andare in Inghilterra perché nel 1944, il giorno prima del D-Day[10] e cioè il 5 giugno, ebbe una breve relazione con una donna inglese di nome Edwina. Il giorno dopo si imbarcò per partecipare allo sbarco in Normandia, la più grande operazione anfibia della storia messa in atto dalle forze alleate nel secondo conflitto mondiale per aprire un secondo fronte bellico in Europa, liberare la Francia dall'occupazione nazista e invadere la Germania. Scopriremo che quella relazione durata lo spazio di una notte ha generato una figlia che è praticamente la versione femminile di Homer.

In *Marinaio Homer* il capofamiglia Simpson viene licenziato da Burns (perché ha provocato la fusione del nocciolo buttandovi dentro una ciambella) e decide di arruolarsi in Marina. La sala dei veterani è intitolata alle «guerre impopolari» («minimo due racconti di guerra» recita la scritta all'entrata). Nella sala, Abe è intento a narrare uno dei suoi soliti improbabili racconti sulla sua partecipazione alla seconda guerra mondiale. In questo caso Abe si sarebbe trovato sul PT-109 con John F. Kennedy nel Pacifico. Inutile dire che il PT-109 è davvero il modello di motosilurante da pattugliamento del tipo Elco, comandata per l'ultima volta dal sottotenente di vascello John F. Kennedy (futuro presidente

---

9 Il titolo originale che richiama un'opera teatrale di Eve Ensler, *The Vagina Monologues* (1996), è *The Regina Monologues*.

10 In *Il distintivo giallo della vigliaccheria* il Nonno racconterà a Bart di essere scampato al D-Day aggrappandosi al portellone dell'anfibio e tornando indietro («Tranquilli è una giornata sulla spiaggia... torno verso il 1946» dice ai suoi commilitoni appena sbarcati).

degli Stati Uniti d’America) nel teatro di guerra del Pacifico. Il comportamento del giovane Kennedy, che portò al salvataggio dei sopravvissuti del suo equipaggio dopo l’affondamento per speronamento della sua motosilurante da parte di un cacciatorpediniere giapponese, ne fece un eroe di guerra, contribuendo positivamente alla sua carriera politica.

Invece Nonno Simpson racconta la storia a suo modo svelando di essere stato il primo a «scoprire il terribile segreto» di Kennedy. La parola “segreto” allude all’aura di mistero, opera dei tanti complottisti che oggi pullulano soprattutto su internet, dalla quale è circonfusa la figura di uno dei più noti presidenti della storia americana.

In effetti, si è recentemente scoperto, per esempio, che l’immagine sana e giovanile che lo stesso Kennedy amava dare di sé contrastava con seri problemi fisici. Soffriva del morbo di Addison che gli procurava seri disturbi digestivi. Pativa inoltre un costante e forte mal di schiena, per la frattura di alcune vertebre riportata in guerra, e per una severa osteoporosi che i medici avevano cercato di alleviare con iniezioni di corticosteroidi, rivelatesi inefficaci se non addirittura dannose.

Nonostante i dolori alla schiena, Kennedy utilizzò l’influenza della sua famiglia per partecipare alla guerra. Egli iniziò nell’ottobre del 1941 con il grado di *ensign* (letteralmente “insegna”, equivalente di un guardiamarina della Marina militare o di un sottotenente dell’Esercito italiano), con un lavoro sedentario presso l’*Intelligence* della Marina americana. Il 27 luglio 1942 Kennedy entrò nella *Naval Reserve Officers Training School* a Chicago. Completato l’addestramento il 27 settembre, egli entrò come volontario nel Centro Addestramento Motosiluranti a Melville, nel Rhode Island, ove fu promosso al grado di *Lieutenant, junior grade* (LTJG), prima che fosse terminato il suo periodo di addestramento il 2 dicembre. Fu quindi inviato allo squadrone *Motor Torpedo Boat Squadron 14*, per subentrare nella conduzione della motosilurante PT-109. Nel gennaio del 1943 la PT-109 e quattro altre navi furono assegnate al *Motor Torpedo Boat Squadron 14*, impegnato nella campagna della *Leapfrogging strategy,* ovvero la strategia del gioco a cavalluccio utilizzata dagli Alleati nel teatro di guerra del Pacifico contro l'Impero giapponese e le potenze dell'Asse. L'idea era di bypassare le posizioni ben fortificate dell'esercito giapponese, concentrando invece le proprie limitate risorse su isole strategicamente importanti, che non erano ben difese, ma che potevano fornire un appoggio per giungere all'isola principale del Giappone.

Facendo un cortocircuito con una storica frase pronunciata da Kennedy in un'epoca e in un contesto molto diverso («Ich bin ein Berliner»), Abe lo accusa di essere un nazista e lo riempie di botte insieme agli altri marinai.

La frase citata nell'episodio fa riferimento al celebre discorso tenuto da Kennedy il 26 giugno del 1963 in Rudolph Wilde Platz, di fronte al municipio del quartiere di Schöneberg, mentre era in visita ufficiale alla città di Berlino Ovest. Queste parole furono pronunciate in tedesco di proposito con l'intento di comunicare alla città di Berlino e alla Germania stessa, seppur entrambe divise, una sorta di vicinanza e amicizia degli Stati Uniti. A due anni prima risaliva il sostegno dato dall'Unione Sovietica alla Germania Est nella costruzione del muro di Berlino, come barriera per impedire ai cittadini della Germania Est comunista la fuga verso l'Occidente capitalista.

Il discorso durante il quale Kennedy pronunciò la fatidica frase è considerato uno dei suoi migliori, nonché un momento celebre della guerra fredda. Furono parole di grande solidarietà verso gli abitanti di Berlino Ovest, che vivevano in una enclave all'interno della Germania Est della quale temevano un'invasione. Kennedy disse precisamente:

> Duemila anni fa l'orgoglio più grande era poter dire «civis romanus sum (sono un cittadino romano)». Oggi, nel mondo libero, l'orgoglio più grande è dire «Ich bin ein Berliner». Tutti gli uomini liberi,

dovunque essi vivano, sono cittadini di Berlino, e quindi, come uomo libero, sono orgoglioso delle parole «Ich bin ein Berliner!».

A volte, la partecipazione stessa di Abe alla guerra viene messa in dubbio dalle sue stesse farneticazioni. In *La festa delle mazzate*, per insegnare a Bart qualche nozione di storia, Marge invita il Nonno Abraham a parlare della sua esperienza in qualità di reduce della seconda guerra mondiale. Nonno Simpson comincia quindi a raccontare: «Un giorno, dopo essere stati paracadutati a Düsseldorf, mi ritrovai distaccato dal mio plotone. Uscii indenne dalla guerra spacciandomi per una cantante tedesca di cabaret». A quel punto si vede il Nonno, vestito come Marlene Dietrich in *L'angelo azzurro*, su un palco mentre lo stesso Hitler gli fa delle *avances*. È uno dei tanti casi in cui Abraham mescola verità e delirio senile. Il tentativo di Marge si rivela un fallimento.

Anche in *L'ultimo sfavillio di Telespalla Bob* il Nonno mostrerà di avere un'idea approssimativa di alcuni eventi storici. Mentre Abraham e il nipote ammirano l'aereo dei fratelli Wright (il modello B), Bart esclama: «Guarda che mucchio di immondizia!». E Abe, di rimando, in uno sconclusionato patchwork pseudo storico: «Immondizia? Sei proprio un ignorante. Quello è l'aeroplano dei fratelli Wright. Nel 1903 a Kitty Hawk[11] Charles Lindbergh lo fece volare per 15 miglia con un ditale di olio di semi. E così vincemmo la guerra di Secessione». Bart: «Come fai a sapere tutte queste cose sulla storia americana?». Abe: «Ho racimolato figurine un po' qua e un po' là».

Nel riferimento a Lindbergh, Nonno Abraham sta pronunciando solo apparentemente una delle sue solite "stramberie". In realtà, con questo richiamo al carburante, il Nonno coglie un

---

[11] Effettivamente Kitty Hawk fu sede dei primi esperimenti di volo dei fratelli Wright (con alianti e aeroplani) tra il 1900 e il 1903. La città è tuttora famosa soprattutto per aver ospitato il 17 dicembre 1903 il primo volo del *Wright Flyer*, il primo aereo a motore ad aver compiuto un volo controllato e prolungato con un pilota a bordo.

aspetto reale di una delle tante problematiche affrontate dai piloti dei primi aeroplani. In particolare, il problema di chi, come Lindbergh, voleva attraversare senza scalo l'Oceano Atlantico da New York a Parigi, fu proprio quello di utilizzare il carburante strettamente necessario a coprire una distanza di circa 6.000 chilometri, senza sovraccaricare il velivolo.[12]

La seconda guerra mondiale è citata anche in episodi dove il protagonista non è il Nonno.

In *Schermaglie fra generazioni*, dopo che la locale squadra di baseball, gli Isotopi di Springfield, ha vinto una partita, Homer, Barney, Lenny e Carl per festeggiare si ubriacano e guidano in piena notte all'interno della scuola elementare, distruggendola. Il giorno seguente, ritenendo responsabili della distruzione gli allievi della scuola, il commissario Winchester impone un coprifuoco a tutti i bambini della città. Ma una sera Bart, Lisa, Milhouse e gli altri ragazzi decidono di violare il coprifuoco per andare a vedere il film *L'insanguinamento*.[13] I ragazzi vengono scoperti. Prendendo spunto dal film visto, decidono di creare una stazione radio con cui rivelare i segreti dei loro genitori e degli abitanti di Springfield per metterli gli uni contro gli altri. Le trasmissioni della radio clandestina ricalcano nello stile, e perfino nell'accento inglese dello speaker Bart, quelle di Radio Londra. Mentre Lisa gira la manopola alla ricerca della stazione, si sentono le parole di Mussolini del 10 giugno 1940: «L'ora delle decisioni irrevocabili è giunta».

---

12 Si veda nota 19 a p. 21.

13 Si tratta di una parodia del film di Wolf Rilla *Village of the Damned* (*Il villaggio dei dannati*, 1960). Nella pellicola si narrano le vicende di un gruppo di bambini alieni, dotati di straordinarie capacità, tra cui il potere di leggere nella mente degli esseri umani e controllarle.

Ma anche Marge si trova a dover combattere i nazisti in un sogno di Lisa[14] durante il quale la madre è stata reclutata al posto del padre, ritenuto troppo grasso, per combattere i tedeschi nella seconda guerra mondiale. In questo episodio (*La battaglia prima di Natale*), il sogno di Lisa è ambientato nel dicembre del 1944. Sulla parete campeggia un quadro con le foto di Franklin D. Roosevelt e Stalin sorridenti con una scritta che recita «Roosevelt e Stalin. Amicizia tramite la fiducia».[15] Lisa dice: «Può essere Natale quando uno dei tuoi genitori deve combattere l'esercito tedesco?».

Subito dopo la scena si sposta in Europa dove le truppe americane stanno dando la spallata decisiva alla Germania nazista. Ma a combattere non è Homer, che invece è impiegato come operaio in una fabbrica bellica, bensì Marge Simpson, con l'incarico di infermiera in prima linea. La fabbrica di bombardieri di Springfield è una ex fabbrica di polpette di *Mamma Mussolini*, chiaro riferimento alla precedente politica americana non ostile al regime fascista, almeno fino all'aggressione italiana nei confronti dell'Etiopia.

Lisa passa davanti a un manifesto affisso su un muro nel quale Fichetto taglia le labbra a Grattachecca sopra la scritta «Loose lips sink ships».[16] Si tratta di una citazione dello slogan coniato durante la seconda guerra mondiale dall'Ufficio informazione di guerra statunitense per limitare le possibilità che i cittadini potessero dare inavvertitamente informazioni utili alle spie nemiche.

---

14 Lisa fa questo sogno, dopo aver letto *Ascesa e caduta del Terzo Reich*, il libro di William Shirer pubblicato nel 1960 che è da decenni un best seller storico negli Stati Uniti.

15 Il riferimento è alla politica estera di Roosevelt il quale fin dal suo primo mandato decise di riconoscere ufficialmente l'Unione Sovietica, considerandola un valido baluardo contro l'espansionismo giapponese. Allo scoppio della seconda guerra mondiale Roosevelt ritenne indispensabile l'alleanza con l'Unione Sovietica anche in funzione antinazista.

16 Labbra sciolte potrebbero affondare navi.

Altro slogan di guerra che compare, quando Homer, Bart e Lisa decorano l'albero di Natale, è «Save scrap metal»,[17] riferimento alla necessità dei Paesi in guerra di non sprecare materie preziose per lo sforzo bellico.

L'episodio termina in un cinema parigino dove tutti i gerarchi del Terzo Reich, compreso Adolf Hitler, assistono alla proiezione di un film che ha per protagonista un feroce Dumbo nazista che distrugge a suon di bombe il Parlamento inglese, il Big Ben e Notre Dame e, infine, strangola con la sua proboscide Winston Churchill in persona. La scena è una gustosa parodia del film di Quentin Tarantino *Bastardi senza gloria*. E, proprio come nel film, alla fine Marge fa saltare in aria il cinema dopo aver abbattuto i gerarchi a colpi di mitra e bloccato le porte con l'asta di una bandiera nazista.

[17] Risparmiate il metallo.

Il Vietnam di Skinner

La guerra del Vietnam viene citata in numerosi episodi,[18] con una rappresentazione che richiama molta della filmografia diventata un vero e proprio filone della cinematografia americana. La realizzazione negli Stati Uniti, tra gli anni Settanta e Novanta, di quasi un centinaio di film sull'argomento ha cercato di rispondere al bisogno di elaborazione di un "lutto" fatto non solo di morti, ma anche di feriti e invalidi permanenti, di contrasti e risentimenti tra chi appoggiò l'intervento militare e chi lo osteggiò perfino con azioni violente, e con essa la ricerca di un nuovo senso da dare alla vita dopo il ritorno dal fronte. Il lungo e intenso impegno americano nella guerra del Vietnam dal 1965 al 1973, con la mobilitazione di mezzo milione di soldati, la spaccatura dell'opinione pubblica, le violente proteste contro l'intervento, gli enormi costi umani (58.000 soldati americani uccisi e oltre 300.000 feriti) e finanziari (oltre 130 miliardi di dollari stanziati dal Congresso tra il 1965 e il 1972) contribuì a plasmare l'immaginario collettivo sul conflitto passato alla storia come la prima vera sconfitta americana. Quasi tutti i protagonisti dei film americani motivano la loro inadeguatezza alla società con la partecipazione alla guerra del Vietnam e Skinner è un perdente proprio come l'America nella guerra combattuta contro i Vietcong.

Nella puntata *Io amo Lisa*, Bart fa circolare per la scuola biglietti di San Valentino volgari e offensivi. Capitati in mano a Skinner, questi intima a Bart di non scherzare sul giorno di San Valentino. A un tratto, nell'ufficio del direttore, la luce cambia e diventa più drammatica. Appaiono delle immagini sfocate. Il *flashback*

---

18 Spesso tramite *flashback* che riportano il direttore Skinner con la memoria ai tempi del conflitto.

mostra Skinner in una barca sul fiume Mekong mentre si rade la barba con un coltello e parla con uno dei membri dell'equipaggio che ha in mano una "valentina". All'improvviso l'imbarcazione viene investita da una raffica di mitragliatrice. Il compagno di Skinner muore e la stessa "valentina" viene distrutta dai proiettili. Si tratta della messa in scena di un *topos* di molti film d'azione. In *Il direttore e il povero*[19] la guerra in Vietnam è protagonista assoluta. Durante la celebrazione per i vent'anni di carriera del direttore Skinner, si presenta un uomo che rivela di essere il vero Skinner, mentre il direttore della scuola elementare è solo un impostore. Il suo vero nome è infatti Armin Tamzarian, un orfano di Capital City, che si è arruolato nel 1966, è diventato sergente di plotone e ha partecipato alla guerra in Vietnam insieme al vero Skinner. Tamzarian, che a Capital City era un teppistello, aveva investito con la sua motocicletta una vecchietta e un giudice. Era stato arrestato e aveva dovuto scegliere tra la prigione, l'esercito e chiedere scusa alla vecchietta e al giudice. Non sapendo che c'era una guerra in corso, Armin aveva scelto l'esercito e si era trovato catapultato in Vietnam. Qui continua a comportarsi da sbruffone, sfrontato e temerario fino a quando il sergente Skinner lo salva e gli fa capire il vero senso della vita. Skinner gli rivela anche di avere un sogno nel cassetto: quello di fare il direttore della scuola elementare della sua città. Quando Skinner viene creduto morto in azione, Tamzarian decide di dare personalmente la notizia alla madre ma non riesce a dire la verità alla donna, che nel frattempo sembra averlo scambiato per il figlio. Decide quindi di assumere l'identità del commilitone, compresa la professione di direttore scolastico. Il vero Skinner racconta di essere riuscito a salvarsi ma di essere stato fatto prigioniero dai Vietcong. Dopo cinque anni di prigionia è stato venduto come schiavo e costretto a cucire scarpe di plastica con un fucile puntato addosso fino a quando l'ONU ha

[19] Chiaro riferimento al *Principe e il povero* di Mark Twain (prima edizione: 1881).

fatto chiudere la fabbrica e l'ambasciatore americano lo ha rispedito a casa. Venuta a galla la verità, Tamzarian decide di restituire a Seymour Skinner la sua vita e di ritornare a Capital City. Ma ben presto agli abitanti di Springfield la figura severa del vero Skinner viene a noia e si rendono conto di preferirgli Skinner-Tamzarian. Questi viene "reintegrato" nella sua falsa identità, con il sigillo del giudice Snyder, mentre il vero Skinner viene caricato a forza su un treno e allontanato dalla città, pur con tutti gli "onori" che si devono a un veterano ed eroe di guerra.

In *Tormenti di neve* (ma il titolo originale è più "filosofico": *Il senso di Skinner per la neve*, che a sua volta richiama *Il senso di Smilla per la neve*[20]), il preside Skinner, il bidello Willie e alcuni studenti della scuola elementare di Springfield rimangono intrappolati nell'istituto a causa di una violenta nevicata. La gestione dell'evento richiede una disciplina quasi militare: vediamo quindi Skinner sedere sul suo bauletto militare in cerca di ispirazione per dare un ordine e un'organizzazione a chi è rimasto intrappolato con lui.

L'ennesimo *flashback* riporta il direttore ai tempi del Vietnam. In questo caso la memoria va a un episodio di prigionia. Skinner e alcuni commilitoni sono stati rinchiusi dai Vietcong in gabbie da pollaio, che richiamano alla memoria il pessimo trattamento ricevuto dai soldati americani prigionieri dei Vietcong. Uno di loro dice a Skinner: «Sergente, diamocela a gambe mentre le guardie se la spassano con Jane Fonda», alludendo alla posizione pacifista della famosa attrice che si recò perfino a Hanoi per sostenere la causa del Vietnam del Nord e denunciare l'uso del napalm da parte dell'esercito statunitense.

Quando uno di loro cerca di fuggire viene mangiato addirittura da un elefante (che dovrebbe essere erbivoro ma indossa un

---

20 Peter Høeg, *Il senso di Smilla per la neve,* Mondadori, Milano 1996. Si veda anche il film di Bille August (1997) tratto dal romanzo.

cappello da Vietcong e dunque non può che essere cattivo!) che, nei ricordi di Skinner, ingoierà tutto il suo plotone. Anche in questo caso la *sitcom* tocca con ironia un tema particolarmente sentito nell'America dei primi anni Settanta: stime fatte dal governo degli Stati Uniti rivelavano che su oltre 2.646 soldati americani non tornati in patria, circa 1.350 fossero prigionieri di guerra o dispersi in azione.

Fin dall'inizio del conflitto, il governo del Vietnam del Nord aveva considerato gli americani prigionieri come «criminali di guerra», responsabili di un'aggressione: per questo motivo non erano degni di essere trattati secondo le regole della Convenzione di Ginevra del 1949. Il Vietnam del Nord rifiutò perfino di fornire alla Croce Rossa Internazionale i nomi degli americani fatti prigionieri e non permise all'organizzazione umanitaria di effettuare regolari ispezioni per assicurarsi che fossero trattati umanamente e dignitosamente.

Nella primavera del 1969 l'amministrazione Nixon lanciò una massiccia campagna stampa per chiedere che il Vietnam del Nord aderisse alla Convenzione di Ginevra nel trattamento dei prigionieri di guerra. Nell'agosto del 1969 il governo nordvietnamita rilasciò tre prigionieri come gesto di distensione di fronte a una delegazione di attivisti americani contrari alla guerra. Un mese dopo il Dipartimento della Difesa statunitense convocò una conferenza stampa durante la quale due dei prigionieri rilasciati descrissero i maltrattamenti e le torture subite dai carcerieri.

Skinner ricorderà ancora una volta la sua permanenza in una prigione nordvietnamita in *Bart smette di annusare le Roosevelt* (il titolo è una citazione dell'album di Ringo Starr *Stop and Smell the Roses*). Quando il sovrintendente Chalmers lo rimprovera per l'ennesima volta («Lei è un idiota, con un abito dalle mille pieghe») Skinner gli risponde a tono: «Le comunico che ho le spalle sbilenche... da quando mi hanno appeso per le ascelle in una prigione nordvietnamita!».

In *Il mio grosso grasso matrimonio sgangherato*, Skinner nel momento del fatidico sì dichiara davanti a Edna: «Come dissi nella battaglia di Khe Sahn, mi arrendo». Ancora una volta il *background* di Skinner si dimostra fortemente influenzato dalla sua esperienza in Vietnam. La battaglia di Khe Sahn, infatti, combattuta tra il gennaio e il luglio del 1968, si concluse con la decisione dell'esercito americano di evacuare la base. Il 9 luglio la bandiera del Vietnam del Nord sventolava su Khe Sahn. Per la prima volta nel conflitto gli americani erano stati costretti a cedere un importante avamposto in seguito alla pressione del nemico.

Il ricordo del conflitto ritornerà in *Si vive una volta sola*, episodio nel quale Skinner, che ha fatto finta di svenire in una riunione docenti-studenti-genitori convocata per risolvere il problema dei compiti copiati, esclama: «Ce l'ho fatta! Ho salvato la situazione, proprio come ho vinto quella battaglia in Vietnam. Svenendo».

In *Straordinaria Edna* la maestra Caprapall, in crisi sentimentale con il direttore Skinner, viene iscritta da Bart al concorso per la maestra dell'anno. Skinner, temendo che un'eventuale vittoria di Edna Caprapall possa allontanarla definitivamente da lui, chiede a Bart di sabotarne la premiazione, ritenendo però questa azione la cosa peggiore che abbia mai fatto. Anche peggiore di ciò che ha fatto in Vietnam. Un *flashback* ci riporta nella foresta vietnamita, dove un giovane soldato Skinner si intrufola di nascosto in una tenda e ruba dei dolcetti destinati ai soli ufficiali.

In *Bart contro l'Australia*, infine, i Simpson scappano dall'ambasciata americana in elicottero, in una scena che ricorda la fuga dall'ambasciata americana di Saigon dei funzionari americani e dei loro collaboratori sudvietnamiti, avvenuta il 30 aprile del 1975. Quel giorno, infatti, l'Esercito popolare del Vietnam del Nord e quello dei Vietcong conquistarono Saigon. Tutto il personale civile e militare americano di stanza nella capitale del Vietnam del Sud e decine di migliaia di civili vietnamiti riuscirono a fuggire poco prima che le truppe nordvietnamite entrassero in città. Si trattò della più grande evacuazione della storia attuata con l'utilizzo di elicotteri. È rimasta celebre, e quasi rappresentativa della sconfitta americana in Vietnam, la foto che ritrae un elicottero americano preso d'assalto dagli ultimi fuggitivi.

Mona e la controcultura hippie

Bart: Ehi, ma quale cacchio è il tuo secondo nome?
Homer: Sai, non ne ho idea... ehi, papà! Cosa rappresenta la "J"?
Nonno: E che ne so io! Era compito di tua madre darti un nome, amarti e tutto il resto. A me spettava solo sculacciarti (*Homer figlio dei fiori*).

Kent Brockman: [Gli anni Sessanta], che decennio inutile e petulante! (*Mia madre la fuggiasca*).

In *Homer figlio dei fiori* (ma il titolo originale, *D'oh-in in the Wind*, è una assonanza con la celebre canzone di Bob Dylan, simbolo e manifesto di quel periodo), Homer scopre di non sapere di cosa sia l'iniziale "J" del suo secondo nome. Per scoprirlo si reca nella fattoria già sede di una comune hippie dove per un breve periodo visse sua madre dopo aver lasciato Abraham.[21] Su un murale da lei disegnato sul quale campeggia la scritta dedicata al figlio «Fai volare in alto il tuo spirito», Homer scopre che "J" sta per *Jay* ("ghiandaia": uccello della famiglia dei corvi, noto per l'intensità del suo canto). Nella fattoria vivono ora due ex compagni di Mona Simpson, Munchie e Seth, che conducono ancora una vita simile a quella degli hippie degli anni Sessanta-Settanta (il loro cane si chiama Ginsberg, come l'autore del celebre poema *Howl*,

---

21 Se Mona Simpson incarna lo spirito più puro e genuino degli anni Sessanta, un altro importante personaggio della serie come Ned Flanders sembrerebbe rappresentare il riflusso vissuto dai figli e dai nipoti degli hippie (quali sembrerebbero essere stati anche i genitori di Ned) nei decenni successivi. Gli hippie, infatti, lottando contro ogni principio di autorità e cercando di scardinare il sistema gerarchico-paternalista delle società occidentali, avevano finito per abbattere tutti i valori, creando nei loro eredi un bisogno di valori forti e radicati, quanto quelli che loro avevano contestato.

Urlo). Homer decide di unirsi a loro, ma rimane deluso nello scoprire che Munchie e Seth hanno ceduto alle lusinghe del mercato e hanno impiantato una fabbrica per la produzione di succhi di frutta biologici: Munchie pronuncia addirittura la fatidica frase «Il tempo è denaro, amico». Essi sono i tipici reduci della stagione hippie che si sono "riconvertiti" al mercato e sono diventati i più grandi produttori di succhi vegetali di Springfield ma, come si affrettano a precisare, danno metà dei profitti agli orfani della guerra in Vietnam. Homer, ormai immedesimatosi nel ruolo di hippie, reagisce sconcertato: «Profitti, profitti, profitti. Che razza di hippie siete! Peter Fonda si starà rivoltando nella tromba, ehm, nella tomba... Quando è stata l'ultima volta che avete scosso il sistema? Voi due siete dei venduti!».[22] Homer convince allora i due uomini a passare una giornata da hippie, ma al loro ritorno scoprono che il frisbee con cui Homer aveva giocato si è incastrato negli ingranaggi della fabbrica, rovinando l'intera produzione. In preda ai sensi di colpa, Homer, a insaputa di Munchie e Seth, utilizza le verdure del loro "giardino personale" per produrre altro succo di frutta e si incarica di distribuirlo personalmente: la verdura raccolta, però, è *peyote*, un fungo allucinogeno dal quale si estrae una sostanza psicotropa usata spesso come stupefacente, ovvero la mescalina.

Seguendo l'esempio della Beat Generation, anche gli hippie fecero ampio uso di droghe come la canapa fino a includere allucinogeni come l'LSD, la psilocibina e la mescalina. Sulla Costa Est degli Stati Uniti, i professori dell'Università di Harvard Timothy Leary, Ralph Metzner e Richard Alpert difesero l'uso delle sostanze psicotrope nella psicoterapia, nell'autoanalisi e per usi

[22] Quella di essere un "venduto" è una delle massime offese che si possano rivolgere a un ex hippie.

religiosi e spirituali. A proposito dell'LSD, Leary disse: «Espandi la tua coscienza e trova in essa estasi e rivelazione».[23]

Tra gli abitanti di Springfield che consumano la bevanda non tardano a manifestarsi gli effetti lisergici che aprono loro le «porte della percezione» (così si intitola il libro del 1954 di Aldous Huxley che tratta di esperienze vissute proprio tramite l'utilizzo della mescalina).[24] Ned vede addirittura i martelli del film *The Wall* di Alan Parker – trasposizione cinematografica dell'omonimo disco dei Pink Floyd – forniti di labbra.[25]

Alla fine dell'episodio Homer mette dei fiori nelle canne dei fucili dei poliziotti come nella celebre foto scattata nel 1967 da Bernie Boston durante una manifestazione pacifista a Washington e intitolata appunto *Flower Power*.

In *Mamma Simpson*, Homer, per evitare di lavorare di sabato, butta nel fiume un pupazzo con le sue sembianze. Tutti credono che lui sia morto veramente ed è costretto a recarsi all'anagrafe per registrarsi come cittadino in vita. Scopre così che sua madre, creduta morta, è ancora viva. Andando al cimitero, si accorge che la tomba nella quale credeva fosse seppellita è in realtà quella di Walt Whitman. Qui però incontra davvero sua madre che sta cercando la tomba del figlio della cui morte ha appreso la notizia dai giornali. Mona era scappata di casa 25 anni prima, braccata

---

23 Timothy Leary, Ralph Metzner, Richard Alpert, *The psychedelic experience: A manual based on the tibetan book of the dead*, Penguin Classics, London 2009 (versione originale: 1963).
Si veda anche M. Caterina Basile, *Timothy Leary. La religione della coscienza. Dalla rivoluzione psichedelica ai rave*, Alpes Italia, Roma 2012.

24 Aldous Huxley, *Le porte della percezione*, Mondadori, Milano 1958, stampato insieme a *Paradiso e Inferno*; Nuovi Editori, Roma 1980 (prima versione originale: *The doors of perception*, 1954).

25 Homer invece avrà una vera e propria esperienza lisergica nel nono episodio dell'VIII stagione, *Il viaggio misterioso di Homer* (*El Viale Misterioso de Nuestro Jomer*), dopo aver assaggiato il piccantissimo chili cucinato dal commissario Winchester.

dall'FBI per avere partecipato alle azioni di boicottaggio di alcuni manifestanti contrari agli esperimenti batteriologici a scopi bellici. Contestatrice e progressista, aveva perfino partecipato al raduno di Woodstock portando con sé il figlio.[26] Il momento della trasformazione è sottolineato da una sequenza animata con disegni a colori acidi che richiamano i *trip* lisergici di quell'epoca. Mona ricorda: «Mi si rivelò un mondo di ribellione, di cambiamento, un mondo dove le porte (riferimento al già citato *The doors of perception* di Aldous Huxley che divenne un vero e proprio libro culto di quella generazione) erano aperte a donne come me».[27]

Dopo aver conosciuto all'università alcuni giovani attivisti, si era unita a loro e aveva partecipato a un'azione di boicottaggio dei laboratori di Burns.[28] Durante la fuga era stata vista in faccia dallo stesso Burns ed era stata costretta a lasciare la famiglia. La sua è la tipica esistenza di una "reduce" dei movimenti degli anni Sessanta-Settanta[29] fatta di clandestinità, falsi nomi, identità provvisorie ecc. Burns, nonostante i tanti anni trascorsi, riesce a riconoscerla e cerca di farla arrestare in tutti i modi. Tutto l'episodio cita l'epopea della controcultura americana dei favolosi *Sixties*. Mona ha il tempo di suonare insieme a Lisa la canzone di Bob Dylan *Blowin' in the Wind* e di constatare come «lo spirito

---

26 Dall'episodio *L'erba del vicino è sempre più verde* veniamo a sapere che il piccolo Homer ha partecipato al festival di Woodstock del 1969 e ha perfino "rockeggiato", sguazzando nel fango, al suono della chitarra di Jimi Hendrix.

27 Un altro viaggio psichedelico sarà quello del treno guidato dal macchinista Otto e alimentato con foglie di marijuana nella puntata *La battaglia prima di Natale*, con sottofondo musicale dei Doors.

28 Da notare che la sveglia alla quale è collegato l'innesco della bomba "biologica" destinata a distruggere le armi batteriologiche ha impressa l'immagine di Spiro Agnew, vicepresidente di Nixon dal 1969 al 1973 e costretto alle dimissioni perché responsabile di evasione fiscale su alcuni contributi elettorali.

29 Molto ben raccontata da Robert Redford nel recente film *La regola del silenzio*, 2012.

degli anni Sessanta» sia ancora vivo nei suoi nipoti («Che nipotini svegli, così pieni di domande, con gli occhietti che brillano»). Lisa, a sua volta, conoscendo la nonna, deduce con sollievo di non essere stata adottata (!). Ma alla fine Mona è costretta nuovamente a fuggire e ad abbandonare il figlio. Questa volta lo fa a bordo di un pulmino Volkswagen elettrico decorato con i simboli del *Flower Power*.

Mona Simpson e "lo spirito dei *Sixties*" ritorna in *Mia madre la fuggiasca*. Mona ritorna a casa Simpson, dopo aver contattato Homer per mezzo delle prime lettere di un articolo dedicato alla pizza gigante, grazie all'aiuto dei suoi amici della "stampa progressista". Purtroppo è ancora ricercata per la sua partecipazione all'atto di sabotaggio contro i laboratori Burns già raccontato nell'episodio appena ricordato, *Mamma Simpson*.[30] Viene quindi riconosciuta e arrestata da Winchester e i suoi agenti. Dopo aver dato l'annuncio dell'arresto della «radicale degli anni Sessanta Mona Simpson», il conduttore Kent Brockman aggiunge: «Per chi di voi è troppo giovane per ricordare gli anni Sessanta trasmettiamo questo servizio». Va in onda una sintesi per immagini con sottofondo musicale dell'epoca nella quale si vedono in sequenza: una manifestazione pacifista repressa dalle forze dell'ordine, soldati americani in Vietnam, il raduno di Woodstock, l'elezione di Richard Nixon, lo sbarco dell'uomo sulla Luna, Batman che balla, Tommie Smith e John Carlos alle Olimpiadi del 1968 a Città del Messico, sul podio con il pugno chiuso alzato. I due corridori della delegazione statunitense conquistarono, rispettivamente, la medaglia d'oro e la medaglia di bronzo per la corsa dei 200 metri. Durante la cerimonia di premiazione, entrambi salirono sul podio scalzi e ascoltarono il loro inno nazionale chinando il capo e sollevando un pugno con un guanto nero, contro il razzismo e

---

30 Nei suoi anni di latitanza Mona Simpson avrebbe svolto i seguenti lavori: operatore del soccorso stradale, storiografa orale, lettrice per ciechi, ascoltatrice per sordi, e "allungabraccio" per i più bassi.

a sostegno del movimento denominato *Olympic Project for Human Rights* (Progetto olimpico per i diritti umani). Smith e Carlos furono sospesi dalla squadra statunitense e, al ritorno in patria, subirono altre ritorsioni, ricevendo addirittura minacce di morte.

Mona per fortuna al processo viene assolta e può ritornare a casa dai suoi cari, con grande scorno di Montgomery Burns. Il padrone della centrale nucleare non si arrende e, fingendo di volersi riappacificare, la invita alla inaugurazione del nuovo Museo per la pace "Nonna Simpson", dove la vecchia insegna del laboratorio recita «Laboratorio di armi batteriologiche. Quando la Bomba h non è abbastanza». Apprestandosi a sottoscrivere il documento che le intesta il museo, Mona confessa di aver sempre dovuto firmare con un nome falso, anche sui libri degli ospiti dei Parchi nazionali. Burns registra tutto e la fa arrestare in quanto fornire false generalità su un libro degli ospiti di un Parco nazionale è un reato federale. Per salvare la madre, Homer riesce a salire con uno stratagemma sul blindato della polizia che la sta trasferendo in una prigione federale e fa scendere le altre detenute per mettersi alla guida. Homer e la madre vengono però inseguiti dalla polizia e Mona decide di non coinvolgere ulteriormente il figlio, costringendolo a lasciare il veicolo. Dopo una fuga rocambolesca, il blindato finisce in un precipizio. Tuttavia, la donna è riuscita a salvarsi *in extremis*, a insaputa di Homer e come scopriremo prima dei titoli di coda attraverso il codice segreto fatto dalle prime lettere degli articoli di giornale. Sulla lapide della tomba vuota si legge: «Madre amorevole – Pupa radicale – Nonna fichissima».

In *Mona se ne va*, dopo essere tornati dal centro commerciale, i Simpson pensano che ci sia un ladro in casa. Invece è Mona Simpson che è ritornata a casa perché, fingendosi morta, è riuscita a seminare la polizia. Può finalmente smettere di fuggire ed essere la madre di Homer. Questi dapprima non riesce a perdonarle gli abbandoni subiti, poi però capisce che le vuole bene e non può fare a meno di lei. Ma quando cerca di fare la pace, la trova morta sulla poltrona del salotto. Mona ha lasciato un videotestamento nel quale chiede che le sue ceneri vengano disperse dal punto più alto del Parco monumentale di Springfield e lascia il suo spirito ribelle in eredità a Lisa. Dopo una faticosa scalata, Homer scopre che nel luogo indicato dalla madre ha sede una base segreta dalla quale sta per essere lanciato verso la foresta pluviale amazzonica un missile pieno di scorie nucleari della centrale del signor Burns. Si tratta quindi dell'ultima azione di boicottaggio di attività nocive e pericolose che la vecchia «pupa radicale» riesce a compiere perfino da morta. Homer a quel punto si arrabbia, comprendendo di essere stato "usato" dalla madre per «compiere una delle sue proteste hippie». Ma poi si ricrede e, dopo aver fatto esplodere la base, riesce a fare spiritualmente pace con lei.

capitolo 3

GIALLO: IL COLORE DELLA CRISI

Lo scandalo Watergate

Nella simbologia classica il giallo è un colore per definizione ambivalente e contraddittorio. Esso rimanda al sole e all'oro e richiama quindi la luce, l'intelletto, la fede e la bontà ma in una sfumatura più scura è anche simbolo di slealtà, tradimento, gelosia, inganno, avarizia. Nella cultura americana il giallo è sinonimo di orientale, asiatico, diverso. C'è chi ha ipotizzato che il giallo dei *Simpson*, in quanto colore della malinconia e dell'itterizia, sia un'incarnazione della "malattia morale" americana e occidentale in genere, della corruzione sociale e delle problematiche del mondo contemporaneo.[1] Da questo punto di vista, potremmo affermare che un periodo storico molto presente nei *Simpson*, forse perché centrale nella formazione di molti sceneggiatori (almeno delle prime dieci stagioni), è quello che va cronologicamente dall'intervento in Corea allo scandalo Watergate passando per gli omicidi dei Kennedy, di Martin Luther King, di Malcom X, la rivolta studentesca e la controcultura hippie e la lotta per i diritti civili. Si tratta di un momento storico particolarmente delicato nella storia degli Stati Uniti, di crisi profonda della Nazione e nel quale il ruolo della potenza americana nel mondo è stato pesantemente messo in discussione.

L'altra faccia dell'America della controcultura hippie, citata nel precedente capitolo, è rappresentata dalla storia del potere e dei suoi maneggi. Da questo punto di vista è soprattutto la figura di Richard Nixon, che tra l'altro di secondo nome fa Milhouse, a incarnare il "marcio" degli anni Sessanta-Settanta. Lo scandalo Watergate, frequentemente citato, sembra quasi un'ossessione per gli sceneggiatori dei *Simpson*.

---

1 Brunetto Salvarani, *op. cit.*, p. 29.

In *Il signor Lisa va a Washington*, la famiglia Simpson alloggia all'hotel Watergate che diede il nome al famoso scandalo politico scoppiato nel 1972 e che portò alle dimissioni da presidente di Nixon. Nel complesso edilizio Watergate, infatti, oltre all'hotel si trovava il quartier generale del Partito democratico. Alcuni uomini legati al Partito repubblicano avevano installato abusivamente dei microfoni presso gli uffici dei democratici con lo scopo di intercettarne le conversazioni, di sabotarne la campagna elettorale e indebolire i movimenti di opposizione pacifisti. Le indagini portarono al coinvolgimento di Nixon che per evitare l'*impeachment* fu costretto a dimettersi.[2]

Lo scandalo Watergate verrà citato nuovamente nell'episodio *Telespalla Bob Roberts*. In verità, tutto l'episodio è una citazione del film *Tutti gli uomini del presidente* di Alan Pakula, nel quale Robert Redford e Dustin Hoffman interpretavano, rispettivamente, Bob Woodward e Carl Bernstein, i due giornalisti che avevano svelato i retroscena dello scandalo. Anche nell'episodio dei *Simpson* ci troviamo davanti agli imbrogli di un politico, Telespalla Bob, candidato dai repubblicani alla carica di sindaco di Springfield, per vincere le elezioni. Nella realtà i due giornalisti ebbero molte informazioni da una fonte che riuscirono a mantenere segreta e che solo trent'anni dopo sarebbe stata svelata. Si trattava del vicedirettore dell'FBI Mark Felt. La fonte venne battezzata «Gola profonda», come il titolo di un famoso film pornografico uscito nelle sale nello stesso anno dello scandalo. La «Gola profonda» simpsoniana è invece Waylon Smithers, segretario del signor Burns il quale, a sua volta, è a capo della sezione locale del

---

2 Nello stesso episodio i membri della famiglia sono in visita alla Casa Bianca come vip e Homer vede sopra il bowling "presidenziale" un'insegna storica. Essa recita: «In questo luogo Richard Nixon giocò due partite da 300 punti» (il massimo punteggio ottenibile). Il commento di Homer, amplificato da una smorfia espressiva, è il seguente: «Come no?».

Partito repubblicano che ha scelto Telespalla Bob come *competitor* del candidato democratico Quimby.

L'episodio inizia con la trasmissione radiofonica di un conduttore reazionario di nome Birch Barlow (molto simile al sopracitato Rush Limbaugh[3]). Questi, parlando con Telespalla che lo chiama dal carcere protestandosi ingiustamente incarcerato per un crimine che non ha commesso («Tentato omicidio! Siamo franchi. Cosa sarebbe? Viene dato un Nobel per "tentata chimica"? Esiste?»), esclama: «Ecco un altro intelligente conservatore sbattuto dentro ingiustamente dal nostro sistema giudiziario liberale, proprio come il colonnello Oliver North, alcuni uomini di Nixon e il logo spumeggiante Joe Camel».

Subito dopo possiamo cogliere un rapido riferimento alla fine dell'Apartheid in Sudafrica nel 1993 e alla vittoria dell'African National Congress guidato da Mandela nelle prime libere elezioni del 27 aprile 1994 (pochi mesi prima della messa in onda dell'episodio, il 9 ottobre dello stesso anno). La maestra Caprapall sta infatti spiegando la nuova situazione politica in Sudafrica. Bart, invece di ascoltare la lezione, sta ascoltando la radio con gli auricolari. Quando sente l'appello di Barlow per la liberazione del suo arcinemico Telespalla Bob grida: «Noooo!». La Caprapall allora afferma: «Nonostante l'obiezione di Bart ora il Sudafrica può votare nelle libere elezioni democratiche».

E nuove elezioni si svolgeranno di lì a poco anche a Springfield per rinnovare la carica di sindaco. Il duello televisivo tra Bob e Quimby richiama il famoso confronto del 1960 tra i candidati alla presidenza degli Stati Uniti John F. Kennedy e Richard Nixon. Il primo, splendido e a suo agio di fronte al nuovo mezzo di comunicazione, l'altro con il sorriso tirato, mal rasato e sudaticcio. Questa volta, però, a fare la parte del candidato a disagio non è il repubblicano ma il democratico Quimby, sofferente e malaticcio,

---

3 Si veda nota 33 a p. 55.

proprio come apparve nel 1960 Nixon, reduce da due settimane in ospedale per un'infezione.

Telespalla Bob vince le elezioni con il 100 per cento dei consensi contro l'1 per cento di Quimby (c'è però un margine d'errore dell'1 per cento, si affretta a precisare il conduttore televisivo Kent Brockman). Ma, a questo punto, «Gola profonda» Smithers "spiffera" a Bart e a Lisa un indizio: lui infatti non ha votato per Bob perché le idee ultraconservatrici del candidato repubblicano «cozzano con la scelta del suo stile di vita».[4]

Bart e Lisa, partendo dall'indizio di Smithers, cominciano a indagare e scoprono che alle elezioni hanno votato anche i cittadini defunti. Riusciranno a incastrare Bob in tribunale accusandolo di essere solo il lacchè di Birch Barlow («il Reagan della sua Nancy, il Ringo Starr dei suoi Beatles»). Solo a quel punto Bob, provocato ad arte, confesserà di essere stato l'unico e il vero cervello di tutta l'operazione truffaldina e verrà nuovamente arrestato.

Nell'episodio *La festa delle mazzate*, in pochi minuti assistiamo a un salto cronologico tra due importanti momenti della storia americana distanti un paio di secoli ma entrambi ben presenti nell'immaginario collettivo americano sulla propria storia: la fondazione degli USA e lo scandalo Watergate. Infatti, dalla inaugurazione della festa nel 1775 per opera del fondatore di Springfield si passa alla rievocazione televisiva con immagini di repertorio della partecipazione alla stessa del presidente Richard Nixon. Il commento del giornalista è il seguente: «Dopo aver subito velenose accuse, ora è il gran cerimoniere Richard Nixon a sfidare lo sputaveleno». La sottile allusione degli sceneggiatori, riguardo alla familiarità di Nixon con "cose striscianti", è infatti dovuta al fatto che uno degli uomini accusati di avere spiato il quartier generale del Partito democratico per conto dei repubblicani, James

[4] Smithers è gay e il riferimento è alle posizioni omofobe dell'ala più reazionaria del Partito repubblicano.

McCord, faceva parte del Comitato per la rielezione del Presidente (*Committee for the Re-Election of the President*). L'acronimo CREP venne però ben presto storpiato in CREEP che in inglese significa "avanzare strisciando" e rende bene l'azione proditoria e sleale dei repubblicani coinvolti nello scandalo. Durante la festa Nixon sbaglia mira e colpisce un suo collaboratore. Si tratta di un chiaro riferimento allo scandalo nel quale molti collaboratori del presidente, che ovviamente non avevano agito di propria iniziativa, furono costretti a dichiararsi colpevoli, forse per coprire lo stesso Nixon. Le reali origini della festa vengono inoltre svelate da Bart che legge un libro intitolato *La verità sulla festa delle mazzate*. L'autore che appare sulla copertina è proprio quel Bob Woodward[5] che, insieme al collega Carl Bernstein, rivelò dalle pagine del *Washington Post* i retroscena dello scandalo Watergate.

[5] Si veda nota 46 a p. 66.

La guerra fredda in salsa gialla

Skinner: Voi non ospiterete un ragazzo francese, ospiterete un ragazzo albanese.
Homer: Intende dire uno tutto bianco con gli occhi rosa?
Skinner: No, no, no. Quello è un albino! Un albanese proviene dall'Albania (*Crêpes alle crêpes, vino al vino*).

Homer: Siete comunisti? Ma avete mercati liberi rudimentali! (Homer realizza che i cinesi sono ancora comunisti) (*Adozione made in Cina: bimba in adozione, marito in prestito*).

Madam Wu: Lisa, presto avrai una sorellina cinese che ti supererà nell'apprendimento.
Lisa: Non lo darei per scontato, sono considerata molto intelligente.
Madam Wu: Be', anche il Tibet era considerato molto indipendente e che fine ha fatto? (*Adozione made in Cina: bimba in adozione, marito in prestito*).

In *Crêpes alle crêpes, vino al vino*[6] i Simpson fanno in tempo a ospitare a loro insaputa la spia di uno degli ultimi baluardi dell'Est comunista. In base a un programma di scambi culturali, Bart viene mandato in Francia (per punizione, avendo fatto esplodere il bagno della scuola con un petardo) e i Simpson accolgono uno studente albanese. Lo studente si chiama Cavil Hoxha (come Enver Hoxha, il più importante dittatore comunista albanese tra

6 Da notare che il titolo originale (*The Crêpes of Wrath*) è una citazione del titolo del capolavoro di Steinbeck. Il titolo originale di *Furore* è infatti *The Grapes of Wrath* (letteralmente "i grappoli dell'ira"), un verso dell'*Inno di battaglia della Repubblica* di Julia Ward Howe che a sua volta cita i versetti 14:19-20 dell'Apocalisse.

il 1944 e il 1985) che, appena arrivato a Springfield, chiede a Homer di fargli visitare la centrale nucleare. Una volta dentro, fotografa apparecchiature, sistemi e strutture della centrale. In realtà, Cavil è una spia che trasmette di nascosto tutte le informazioni in suo possesso ai servizi segreti albanesi.

Tra Cavil e Lisa si svolge un classico dialogo da guerra fredda:

> Cavil: Non capisco come puoi difendere un Paese dove il 5 per cento della popolazione detiene il 95 per cento della ricchezza.
> Lisa: Difendo un Paese dove la gente può pensare, agire e venerare come vuole!
>
> Cavil: E invece no!
>
> Lisa: E invece sì!
>
> Cavil: E invece no!
>
> Lisa: Invece sì!

Per fortuna c'è la "terza via" di Homer che, per porre fine alla diatriba, con una frase ispirata dalla politica del disgelo[7] sentenzia: «Per favore, ragazzi, smettetela di litigare. Forse Lisa ha ragione nel dire che l'America è una terra di grosse opportunità. E forse Cavil non ha tutti i torti, nel dire che gli ingranaggi del capitalismo vengono unti con il sangue dei lavoratori». A questo punto Cavil afferma magnanimo: «Tuo padre ha ragione, noi non dobbiamo litigare. Amici!». Lisa: «Va bene». Eppure anche per Homer l'America è superiore quando si tratta del suo cibo preferito:

> Homer a Cavil: Vedi queste? Sono ciambelle americane glassate, con zucchero a velo, ripiene di marmellata di lamponi. Niente male come libertà di scelta, vero?

---

[7] La politica del disgelo fu una nuova fase nei rapporti politici e diplomatici tra USA e URSS avviata nella seconda metà degli anni Cinquanta e iniziata con il processo di destalinizzazione. I principali protagonisti di quella che fu anche definita "coesistenza pacifica" tra le due grandi superpotenze, furono Nikita Chruščëv e John F. Kennedy.

Il discorso con il quale il direttore Skinner accoglie Cavil è invece intriso di quel "razzismo imperiale" di cui parla Antonio Negri nel libro scritto a quattro mani con Michael Hardt:

> L'epistemologia del razzismo imperiale ammette che le razze non costituiscono delle unità biologicamente isolabili e che la natura umana non può essere divisa in una serie di razze. Concorda, inoltre, sul fatto che il comportamento e le capacità umane non dipendono dal sangue o dai geni, ma dall'appartenenza a differenti contesti culturali storicamente determinati. [...] Per il razzismo imperiale vi sono limiti molto rigidi alla flessibilità e alla compatibilità tra le culture.[8]

Dice, infatti, Skinner: «Forse troverete certi aspetti della sua cultura assurdi, forse persino offensivi. Ma esorto tutti voi a dare a Cavil il beneficio del dubbio. Solo in questo modo possiamo sperare di approfondire la conoscenza dei nostri fratelli arretrati in tutto il mondo».

Alla fine l'FBI riesce a rintracciare i segnali satellitari inviati da Cavil e lo arresta rispedendolo in Albania. Ricordiamo che la puntata è stata mandata in onda negli Stati Uniti nell'aprile del 1990 e che in Albania il regime comunista cominciò a crollare solo dopo le manifestazioni studentesche del dicembre 1990, in seguito alle quali l'ultimo presidente e segretario del Partito comunista albanese Ramiz Alia fu costretto a indire libere elezioni. Queste si svolsero nell'aprile del 1992 e videro la vittoria del suo avversario, il segretario del Partito democratico albanese Sali Berisha.

Nel frattempo, Bart ha scoperto che i proprietari dell'azienda vinicola nella campagna francese nella quale è costretto a lavorare in condizioni di semischiavitù adulterano il vino con un antigelo dagli effetti molto simili a quelli del metanolo. Appena qualche anno prima, nel 1985, in Francia si era effettivamente diffuso il

---

8 Michael Hardt, Antonio Negri, *Impero. Il nuovo ordine della globalizzazione*, Bur, Milano 2003, pp. 181 e segg.

terrore per alcune migliaia di bottiglie di vino adulterato con antigelo provenienti dall'Austria. L'anno seguente, in Italia, 23 persone erano morte e altre decine avevano riportato conseguenze gravissime, tra cui cecità e danni neurologici, per aver bevuto del vino adulterato con il metanolo. Quando Bart riesce a parlare con un poliziotto, scoprendo tra l'altro di avere imparato il francese, gli dice: «Aiutatemi. Due uomini cattivi mi fanno lavorare giorno e notte, mi fanno morire di fame e mi fanno dormire sul pavimento. Mettono l'antigelo nel vino e hanno dato il mio berretto rosso all'asino». Il poliziotto risponde: «Vino adulterato con l'antigelo? Ma è un crimine gravissimo!».

Nell'episodio *Adozione made in Cina: bimba in adozione, marito in prestito*, andato in onda nel marzo 2005, i Simpson accompagnano in Cina Selma Bouvier, una delle due sorelle di Marge. Selma, avendo scoperto di essere entrata in menopausa, ha deciso di adottare una bimba cinese. Al consolato cinese di Springfield l'hanno avvertita che il governo permette l'adozione solo a coppie sane sposate (la scritta sopra il consolato recita: «Cina. Il vicino strampalato della Russia»). Selma chiede quindi a Homer di fingersi suo marito. Arrivati in Cina, l'addetta alle adozioni Madam Wu crede alle bugie di Homer e Selma e, dopo il pagamento di 10.000 «biglietti della felicità», concede l'adozione di una bambina. In attesa dell'affidamento, i Simpson visitano alcuni istituzioni e luoghi simbolo della Cina: i monaci del tempio Shaolin, la Grande Muraglia, il Teatro acrobatico cinese, il Teatro d'arte del Popolo di Pechino e il mausoleo di Mao Zedong. Di fronte alla salma imbalsamata del «Grande timoniere», Homer esclama, come se si riferisse a un neonato che dorme: «Guardalo come dorme! Sembra un angioletto che ha ucciso solo 50 milioni di persone! Sì che lo sei, sì, pupo bello bello!». Anche in questo caso il riferimento non è estemporaneo. In effetti, a Mao, oltre al merito di avere unificato la Cina liberandola dalla dominazione giapponese, vengono attribuiti un uso sistematico della repressione, lo sterminio di milioni di contadini nella riforma agraria del 1951, la carestia del 1958-61 e la violenza della Rivoluzione culturale. Si stima che tra il 1959 e il 1962, durante il famoso Grande balzo in avanti, il piano economico e sociale finalizzato a trasformare la Cina da Paese agricolo e arretrato in un moderno Paese industrializzato, persero la vita tra i 13 e i 46 milioni di cinesi.

Selma riesce finalmente ad abbracciare la sua bambina cinese, Ling, ma subito dopo Madam Wu scopre Homer e Marge che amoreggiano, capisce l'inganno e si riprende indietro la bambina. I Simpson tentano di rapirla dall'istituto ma vengono scoperti e fermati in piazza Tien An Men (dove campeggia la scritta «In questo luogo nel 1989 non avvenne nulla»[9]). Alla fine Selma, con Ling in braccio, affronta il carro armato guidato da Madam Wu esattamente come fece nella realtà il "Rivoltoso sconosciuto" che con una giacca in una mano e un sacchetto di plastica nell'altra fronteggiò inerme per svariati minuti una colonna di carri armati.[10]

Facendo leva sulle loro affinità di burocrati, single e senza figli, Selma (anche lei lavora per un «Impero crudele e senza volto: la motorizzazione civile»!) riesce a convincere la funzionaria cinese a concedere l'adozione della bimba e i Simpson tornano in patria con un componente in più.

---

9 In realtà, come è noto, dall'aprile al giugno del 1989 la piazza fu teatro di una serie di dimostrazioni e di proteste guidate da studenti, intellettuali e operai che chiedevano riforme, maggiore libertà e democrazia. All'inizio di giugno la protesta fu repressa nel sangue con migliaia di morti e decine di migliaia di feriti e di arresti.

10 La stessa scena verrà citata in *Homer il padre*. Homer, dopo aver fatto esplodere una centrale nucleare costruita sotto la sua direzione, davanti a una gigantografia che lo ritrae simile a Mao Zedong, cerca di fuggire dall'albergo in cui è ospitato e assume la stessa posizione davanti a una fila di taxi. In questo caso però il taxi si scansa perché Homer chiede di essere portato all'aeroporto per meno di 20 dollari.

In *Marinaio Homer*, quando il sottomarino nucleare ai comandi di Homer entra nelle acque territoriali russe, al palazzo di vetro dell'ONU tra il rappresentante russo e quello americano si svolge questo dialogo: «Unione Sovietica avrà piacere di amnistiare vostro sottomarino indisciplinato». «Unione Sovietica? Ma non si era disciolta?». «Sì, è questo che volevamo farvi credere!». La scena si sposta a Mosca, dove una parata pacifista con carri allegorici allegri e multietnici cede il posto a una parata militare (i carri armati fuoriescono dagli stessi carri allegorici). Sul Cremlino una bandiera con il simbolo della pace viene prontamente sostituita dalla bandiera rossa con falce e martello. Subito dopo, in una Berlino dove campeggia il cartello con la scritta «Berlino riunita. E sta benissimo», ricompare il Muro, con tanto di torretta, filo spinato e *Volkspolizei* con cani al guinzaglio. La salma di Lenin "resuscita" e terrorizza i turisti camminando come una mummia al grido di: «Devo distruggere capitalismo, *tovarish*!».

Altro episodio in cui si fa cenno ai difficili rapporti tra la potenza statunitense e un Paese comunista è *Guai da un trilione di dollari*. In questo caso si tratta della "guerra fredda" tra gli Stati Uniti e Cuba iniziata dopo la rivoluzione castrista del 1959 che scacciò Fulgencio Batista, un dittatore molto amico degli americani, e instaurò nell'isola un regime comunista. Da allora l'isola di Cuba è stata sottoposta a un rigido embargo da parte degli Stati Uniti, revocato in parte solo di recente per decisione del presidente Obama. L'ormai ex presidente americano ha incontrato al Palazzo della Rivoluzione all'Avana, il 21 marzo del 2016, l'attuale presidente di Cuba, Raul Castro. Durante questa storica visita Obama ha ribadito l'intenzione da parte degli Stati Uniti di eliminare definitivamente l'embargo, decisione che, ha ricordato, in ultima istanza spetta comunque al Congresso.

In questo episodio compare Fidel Castro in persona. L'FBI incarica Homer di infiltrarsi in casa del signor Burns e di recuperare una banconota da un trilione di dollari, affidatagli nel 1945 dal governo americano e da lui mai consegnata agli alleati europei per la ricostruzione del dopoguerra.[11] Homer però rimane colpito dalla filippica di Burns contro il governo e le tasse e aiuta il suo principale a fuggire. Finiscono a Cuba dove sono accolti molto cordialmente da Castro (i nemici del governo americano sono amici suoi) che però dopo aver chiesto a Burns di poter ammirare la banconota gliela sequestra e sbatte entrambi su uno pneumatico trasformato in imbarcazione di fortuna. Fu proprio in questo modo precario e pericoloso che centinaia di migliaia di cubani (i *balseros*, dal nome spagnolo delle zattere, *balsas*) riuscirono a fuggire negli anni Sessanta-Ottanta dalla dittatura comunista. La maggior parte di loro si rifugiarono sulla costa orientale degli USA, in particolare a Miami, dove oggi la comunità cubana è particolarmente numerosa e influente da un punto di vista economico e politico.

In *Il pulmino per bambini* viene citato un altro protagonista della guerra fredda. Il direttore Skinner chiede che sia ristabilito l'ordine battendo la scarpa sul tavolo, come fece il 12 ottobre 1960 il presidente dell'URSS Nikita Chruščëv all'Assemblea generale delle Nazioni Unite, per protestare contro le parole del delegato delle Filippine il quale stava accusando l'Unione Sovietica di "imperialismo". Il filippino stava dichiarando che la risoluzione proposta dall'URSS sul diritto all'indipendenza dei popoli avrebbe dovuto essere estesa anche ai popoli dell'Europa orientale, privati del libero esercizio dei diritti politici e civili dall'Unione Sovietica. Chruščëv allora prima sbatté i pugni sul tavolo e poi, brandendo una scarpa, chiese con veemenza al presidente dell'Assemblea di richiamare all'ordine l'oratore filippino. Proprio come il direttore della scuola di Bart e Lisa.

---

11 Palese riferimento all'*European Recovery Program* (detto anche Piano Marshall, dal nome dell'allora segretario di Stato statunitense).

Crisi di una superpotenza

Marge: Oh, papino, certo che hai una gran brutta opinione di New York, se ti fissi su magnaccia e barboni (*La città di New York contro Homer*).

Homer: Questa pistola mi aveva stregato. Sentivo un'incredibile potenza dentro di me. Come deve sentirsi Dio con una pistola in mano (*La famiglia Cartridge*).

Nel celebre saggio di Hobsbawm sul Novecento, i due decenni che vanno dagli anni Settanta ai primi anni Novanta vengono considerati come l'età della crisi (propriamente «della frana»). Negli anni Settanta-Ottanta gli Stati Uniti attraversano un periodo particolarmente difficile. La crisi energetica, la deindustrializzazione, la fine dell'egemonia monetaria e finanziaria americana determinano una diffusa inquietudine tra la popolazione di una superpotenza che comincia a nutrire dei dubbi sulla sua capacità di imporre nel mondo l'*American Way of Life*. In molte città americane regna l'insicurezza, la microcriminalità, il disagio sociale. Nei *Simpson* si colgono alcuni aspetti di questa crisi.

In *La città di New York contro Homer*, Homer dopo aver prestato la propria auto a Barney, scopre, a distanza di due mesi, che essa è parcheggiata in divieto di sosta a New York e sta accumulando multe su multe. La famiglia Simpson è costretta quindi a recarsi nella Grande Mela. Homer vorrebbe recuperare l'auto e ritornare a casa il più in fretta possibile, poiché in passato ha avuto una brutta esperienza. Un *flashback* ci fa vedere un giovane Homer ritratto come il solito provinciale ingenuo che si fa stritolare dai tentacoli della grande città. Homer viene derubato della macchina fotografica, della valigia, tra l'altro da un poliziotto al quale sta denunciando il furto precedente, del portafoglio e di un hot dog (da un piccione). Quest'ultimo furto avviene addirittura mentre sta leggendo su un palazzo la scritta «Criminalità salita di 8 milioni per cento».

Viene qui descritto il realistico quadro di una New York anni Settanta-Ottanta alle prese con una microcriminalità diffusa, comportamenti incivili generalizzati (memorabile Woody Allen che getta la spazzatura dalla finestra addosso a Homer) e prostituzione (Homer butta una buccia di banana addosso al tipico magnaccia di colore, con cappello piumato, cappotto e tacchi alti finendo per esserne inseguito minacciosamente). Poco più di un mese dopo la messa in onda dell'episodio sarebbe stato rieletto per un secondo mandato il sindaco repubblicano Rudolph Giuliani che, a partire dal suo primo insediamento nel 1994, aveva dichiarato guerra al crimine in città all'insegna dello slogan «tolleranza zero» nei confronti di prostituzione, delinquenza spicciola, occupazioni abusive di edifici, accattonaggio e comportamenti vandalici in genere.

Protagoniste di questo episodio sono invece le Twin Towers, pochi anni prima dell'attentato che le distruggerà. L'auto di Homer, infatti, è parcheggiata in divieto di sosta proprio in una delle piazze del World Trade Center, il complesso di sette edifici di cui facevano parte le Twin Towers. Homer sarà addirittura costretto a fare la spola tra gli ultimi piani delle due torri per andare in bagno nella lunga attesa dell'agente incaricato di togliere le ganasce, che infatti non lo troverà vicino all'auto e lascerà una nuova multa.

I Simpson torneranno a New York nell'episodio *Il fiume delle chiacchiere* nel quale Bart decide di andare in cerca della sua ex fidanzata Mary Spuckler, la figlia di Cletus il bifolco, che si è trasferita nella Grande Mela. Per indurlo a partire Bart dice a Homer: «Coraggio, i due edifici che non sopportavi sono stati abbattuti». Uno penserebbe alle torri gemelle e invece Bart aggiunge: «La Penn station e lo Sci stadium». E Homer risponde: «Quei ruderi schifosi e fuori moda». Anche in questo caso Homer verrà rapinato del portafoglio, segno che le politiche di "tolleranza zero" contro il microcrimine portate avanti da Rudolph Giuliani a cavallo tra il XX e il XXI secolo non sono poi state così efficaci.

Va però notato che Giuliani, subito dopo l'attentato alle Twin Towers dell'11 settembre 2001, fu uno dei maggiori protagonisti della "rinascita" della città, prodigandosi per dare conforto ai parenti delle vittime, seguendo personalmente lo scavo delle macerie, incitando i newyorchesi a reagire con forza e fiducia.

Un riferimento all'America degli anni Settanta e al diffondersi di movimenti politici radicali anche violenti lo troviamo nell'episodio *Marachella rap*. Quando Bart finge di essere stato rapito dal papà di Milhouse, che vive da solo in un condominio per uomini divorziati, e Winchester riesce a "liberarlo", di fronte alle proteste di Bart che cerca di scagionare il signor Van Houten dalle accuse, il commissario risponde: «Non serve che tu difenda il tuo rapitore, Bart Hearst!».

La nipote del magnate dei media William Randolph Hearst,[12] Patricia. Patricia Campbell Hearst venne rapita il 4 febbraio 1974 dai membri della *Symbionese Liberation Army*, un gruppo di guerriglia urbano. Questi chiesero in cambio della sua liberazione 400 milioni di dollari da distribuire tra le famiglie più povere della California. Inizialmente Patricia venne tenuta bendata e chiusa in una piccola stanza, strinse poi amicizia con i suoi rapitori e in meno di due mesi aderì alle loro idee, in una sorta di "sindrome di Stoccolma", cambiò il proprio nome in Tania (nome preso da Haydée Tamara Bunke Bider, Tania la Guerrigliera)[13] e iniziò la

---

[12] La figura di Hearst ispirò quella di Charles Foster Kane del film *Citizen Kane* (*Quarto potere*, 1941) di Orson Welles.

[13] Haydée Tamara Bunke Bider, più nota come Tania la Guerrigliera, è stata una rivoluzionaria e guerrigliera tedesca naturalizzata argentina. Nasce a Buenos Aires nel 1937 da genitori tedeschi, ebrei e comunisti, qui emigrati due anni prima, dopo l'avvento al potere di Hitler. Dopo la guerra, la famiglia decide di tornare nella Germania Est. Tamara, sentimentalmente lega-

sua carriera come rapinatrice di banche. Fu catturata nel 1975, processata e condannata a 35 anni di carcere. La pena venne poi commuta in sette anni e infine in 22 mesi. La Hearst ottenne l'indulto da Ronald Reagan e da Bill Clinton.

Uno degli effetti del senso di insicurezza diffuso tra la popolazione è stato l'aumento, negli ultimi trent'anni, del possesso generalizzato di armi da fuoco tra le famiglie americane. Nel 2007, in una classifica comprendente anche lo Yemen, l'Iraq e il Brasile, gli USA si collocavano al primo posto con 90 armi da fuoco possedute ogni 100 persone. Nella puntata *La famiglia Cartridge*, durante una noiosissima partita di calcio, nello stadio di Springfield scoppia una rissa che degenera sfociando in violenti moti in tutta la città. Si assiste allora ad atti vandalici di ogni tipo come incendi di auto, furti e pestaggi. Essi sono un'evidente citazione dei tanti *riots* verificatisi negli Stati uniti nel corso del XX secolo, i più famosi dei quali furono quelli esplosi a Chicago e in molte altre città americane nell'aprile 1968, dopo l'assassinio di Martin Luther King. Si stima che essi causarono decine di morti, centinaia di feriti e migliaia di arresti. Il giornalista locale, Kent Brockman, mentre i tumulti proseguono alle sue spalle, commenta: «Una tradizionale rissa da stadio è degenerata in un'orgia di distruzione in tutta la città. Il sindaco Quimby ha dichiarato prontamente lo stato di emergenza. Quindi per diversi anni a venire ogni famiglia dovrà pensare a sé stessa». Per difendere la sua, Homer decide di acquistare una pistola. Purtroppo una legislazione "restrittiva" che richiede un periodo di attesa di cinque giorni per fare un controllo sui precedenti penali dell'acquirente, costringe Homer

ta all'America Latina, dove è nata, studia lingue romanze e diviene interprete per il governo tedesco. Grazie a questo ruolo conosce Che Guevara. In seguito, decide di trasferirsi a Cuba e dedicare la sua vita alla rivoluzione cubana. La militanza rivoluzionaria la porterà a diventare agente segreto prima e guerrigliera poi, col nome in codice Tania, esperienza che la condurrà alla morte in Bolivia durante un'imboscata.

a tornare a casa a mani vuote. Seduto davanti casa sua in impaziente attesa, Homer vede sfilare davanti a sé, nell'ordine: un camion che trasporta bersagli, delle papere, dei conigli saltellanti, le odiate sorelle di Marge, Ned su un piccolo trattore (che passa e ripassa un paio di volte). Quando, finalmente dopo cinque giorni, Homer ritorna nel negozio di armi "Armeria Bagno di sangue", l'armaiolo gli legge il risultato dell'indagine a suo carico: «Dunque, vediamo, abbiamo controllato i suoi precedenti: lei è stato in una clinica psichiatrica». «Sì». «Frequenti problemi con l'alcol». «Esatto». «Ha picchiato il presidente Bush». «Ex presidente!», precisa Homer, che risulta «potenzialmente pericoloso». Potrà acquistare non più di tre pistole!

Marge però non approva la presenza di armi in casa e prega Homer di disfarsene. Homer acconsente, ma non mantiene quanto promesso. Scoperto l'inganno, Marge si arrabbia e decide di andarsene da casa portando i bambini con sé in un motel.

Dopo essere stato scacciato dalla locale sezione di possessori di armi per il suo comportamento irresponsabile, Homer decide finalmente di consegnare la pistola a Marge affinché se ne liberi. Ma Marge, mentre sta per buttarla nel bidone della spazzatura, si vede riflessa con la pistola in mano e, sentendosi più attraente, decide di tenerla mettendosela in borsa.

L'episodio andò in onda a metà degli anni Novanta che fu, insieme agli anni Ottanta, il decennio del XX secolo nel quale si registrò il più alto numero di omicidi di massa negli USA. Dalle 13 stragi degli anni Settanta si passò alle 32 degli anni Ottanta e alle 43 degli anni Novanta. Spesso si è trattato di stragi perpetrate da ragazzi non ancora maggiorenni. Solo appena due anni dopo la messa in onda di questo episodio si sarebbe verificato il massacro che da allora viene citato come precedente ogni volta che in un college americano si verifica qualcosa di simile. Il 20 aprile del 1999, infatti, presso il liceo *Columbine* di Littelton due studenti di

17 anni uccisero a colpi di fucili e pistole 13 persone e ne ferirono 24, suicidandosi subito dopo.[14]

Altri episodi nei quali risulta che i cittadini di Springfield maneggiano spesso e volentieri le armi da fuoco con eccessiva disinvoltura sono: *Chi ha sparato al signor Burns?*, nel quale si scopre addirittura che la stessa Maggie è una tiratrice provetta,[15] e la *Paura fa novanta XIII*. Nell'episodio Lisa, dopo aver visitato al cimitero la tomba di William Bonney,[16] morto giovanissimo a causa delle armi da fuoco, promuove una campagna del disarmo a Springfield, lasciando quindi tutti i cittadini senza un'arma per difendersi. La città, rimasta priva di difesa, viene attaccata e conquistata da un esercito di zombie guidati da William «Billy the kid» Bonney in persona insieme al Kaiser Guglielmo II. Ma Homer, grazie a una macchina del tempo inventata da Frink, riesce a mettere gli zombie in fuga.

A proposito dei processi di deindustrializzazione e di trasferimento di importanti settori produttivi dall'Occidente verso i Paesi più poveri, l'episodio *La fobia di Homer*, andato in onda nel febbraio del 1997, si conclude con una scritta in sovrimpressione sui titoli di coda che recita: «Dedicato agli operai delle acciaierie d'America». Si tratta di un atto di solidarietà degli sceneggiatori della serie nei confronti della lotta portata avanti in quei mesi dal

---

14 Oltre a diversi saggi, della strage si occupò il documentario di Michael Moore *Bowling a Columbine* (2002), che, partendo da quel drammatico fatto di cronaca, indagava il rapporto degli americani con le armi.

15 Ritroveremo le eccezionali doti balistiche della poppante anche nell'episodio *Il nuovo distintivo di papà*, nel quale Homer viene assalito da un gruppo di mafiosi e viene difeso da una Maggie armata di fucile.

16 All'anagrafe Henry McCarty, ma anche noto con il nome di Billy the Kid, William Bonney (1859-81) è stato un criminale statunitense. Capelli biondi, occhi azzurri, una smisurata passione per i sombrero messicani, con la sua incredibile destrezza con le armi da fuoco e la morte a soli 22 anni, William Bonney è entrato nella leggenda come famoso fuorilegge ed eroe popolare.

sindacato americano AFL-CIO[17] contro la delocalizzazione degli impianti siderurgici fuori dagli Stati Uniti. In quel caso i *Simpson* coglievano, per la classe operaia americana e occidentale in generale, uno degli aspetti più drammatici della globalizzazione degli anni Novanta e della crisi dell'industria siderurgica. Essa, proprio tra la fine degli anni Novanta e l'inizio del XXI secolo, toccò il culmine con 20.000 posti di lavoro persi su un totale di 142.000 operai occupati. La crisi costrinse il governo Bush, nel 2002, a imporre una serie di dazi aggiuntivi all'importazione di un'ampia gamma di prodotti siderurgici. In particolare, venne imposta una tariffa aggiuntiva del 30 per cento sui laminati e una del 15 per cento sull'acciaio inossidabile. I Paesi più colpiti dal protezionismo USA furono il Giappone, la Corea del Sud, la Cina e i Paesi dell'UE produttori di acciaio. I dazi furono però dichiarati illegali dal Tribunale della World Trade Organization nel luglio 2003. Alla fine di quell'anno l'amministrazione Bush decise quindi di cancellarli.

Troviamo lo stesso tipo di problema nella puntata in cui Burns decide di trasferire i propri impianti nucleari in India, mandando tra l'altro proprio Homer come esperto incaricato di "formare" i tecnici locali. Andato in onda nel 2006, l'episodio, *Kiss kiss, Bang Bangalore*, inizia con la proiezione di un filmato per i dipendenti della centrale di Springfield. Tra le prime scene, l'immagine di una fabbrica americana e degli operai al lavoro. La voce fuori campo recita: «L'operaio americano: fiero, duro, lavoratore». «E stanco» aggiunge uno di loro. E un'altra: «Questo lavoro ci sta uccidendo». Subito dopo, la fabbrica scompare e due operai brindano: «È un miracolo! Ci hanno spostato la fabbrica in un Paese del Terzo mondo!». «Ora avrò più tempo per giocare alla lotteria, e

---

[17] La AFL-CIO (*American Federation of Labor and Congress of Industrial Organizations*) è la più grande organizzazione sindacale degli Stati Uniti. L'AFL-CIO nacque il 4 dicembre 1955 dalla fusione fra l'AFL (*American Federation of Labor*) e il CIO (*Congress of Industrial Organizations*).

vai!». Altra voce fuori campo: «Ehi, America, perché non far portare agli altri Paesi la loro parte di fardello? Si può fare con la migliore forma di gestione: l'appalto (*outsourcing*)!». Burns quindi chiude la centrale e trasferisce tutti gli impianti in India.

Gli operai indiani si dimostrano preparati ed efficienti (il rendimento della centrale è 10 volte più alto di quella americana), mentre la guida indiana di Homer, Kavi, cugino di Apu, svolge un lavoro di *customer care* lavorando per i *call center* di svariate aziende americane, tra le quali la IBM e una cartomante. Anche in questo caso i *Simpson* colgono con acume un aspetto della contemporaneità: sono ormai moltissime le aziende negli Stati Uniti e in Europa che danno in appalto in Paesi dell'Est europeo o in Oriente i servizi di *customer care* in modo da poter pagare i dipendenti spesso un terzo rispetto a quelli occidentali.

Homer viene invaso da un delirio di onnipotenza e l'ambientazione diventa molto simile a quella di *Apocalypse Now*. Burns e i famigliari di Homer-Kurtz vanno a riprenderlo. Scopriranno che i dipendenti indiani della centrale sanno che Homer non è un genio ma lo seguono perché ha svelato loro preziosi segreti: gli straordinari pagati, le pause caffè, l'orario flessibile, il *casual friday*, l'asilo nido aziendale. Non solo gliene ha parlato ma gli ha concesso tutto. A quel punto Burns decide di trasferire la centrale in un'altra zona dove gli operai sono più disperati e ignoranti: Springfield. Homer è riuscito a distruggere il sistema dell'*outsourcing*!

Collegato al processo di deindustrializzazione e di crisi dell'egemonia economica americana è il rallentamento del programma spaziale statunitense alla fine degli anni Ottanta. La diminuzione dei finanziamenti statali, il minore *appeal* della "avventura nello spazio" tra il pubblico americano sono il sintomo di una "crisi di identità" della potenza americana.

In *Homer nello spazio profondo*, per l'ennesima volta Homer (stranamente!) non riceve il premio per l'impiegato del mese della centrale nucleare. Deluso e arrabbiato, seduto sul divano a consolarsi davanti alla tv, sfoga la propria frustrazione facendo una telefonata di proteste alla NASA: troppo spesso i programmi televisivi vengono interrotti per la messa in onda dell'ennesimo lancio spaziale. A quel punto gli scienziati della NASA hanno la conferma che la popolarità delle missioni spaziali è in netto calo. «Oh mio dio!» esclama il direttore del programma spaziale leggendo i dati. «Siamo stati battuti... dal *Gianni e Pinotto Show*!». Si tratta delle repliche di un programma televisivo andato in onda per la prima volta tra il 1952 e il 1954! Meno audience e meno interesse tra il pubblico significa anche meno finanziamenti statali. Gli scienziati decidono allora di attuare un programma di "reclutamento popolare", mandando nello spazio dei civili che rappresentino il "cittadino medio". Homer e Barney vengono scelti per partecipare alle selezioni per il prossimo lancio dello Shuttle. Vengono sottoposti entrambi a una serie di test e di prove fisico-attitudinali. Barney è in netto vantaggio, anche perché per l'occasione ha deciso di smettere di bere. Ma quando il capo della missione lo invita a brindare con un calice di spumante, che in realtà è analcolico, Barney ricade nell'alcolismo e impazzisce. Homer passa così la selezione e parte insieme ad altri due astronauti, tra i quali Buzz Aldrin, uno dei protagonisti della celebre missione sulla luna del 1969. Una volta nello spazio, Homer però combina una serie di guai fino a quando lo Shuttle precipita. A salvare i tre dall'apertura del portellone che segnerebbe la loro fine è una barra di carbonio con la quale, accidentalmente, Homer blocca l'apertura. Lo Shuttle può rientrare riportando a terra tutti gli astronauti sani e salvi. Buzz Aldrin acclama Homer come un eroe: ma la folla di giornalisti dedica tutte le sue attenzioni alla barra di carbonio, che conquista, per quanto inanimata, la prima pagina di *Time* come "personaggio dell'anno". Homer è triste per non essere diventato famoso, ma la famiglia lo accoglie tra le sue braccia, rincuorandolo.

In questo episodio troviamo raccontata una parte della storia recente dell'epopea spaziale americana. In particolare vi si descrive la crisi, di status e finanziaria, della NASA, i cui progetti dalla fine degli anni Ottanta furono considerati non più prioritari dal governo. Homer viene scelto per la missione come rappresentante dell'uomo medio americano, o meglio dell'"operaio zoticone", proprio per cercare di risollevare gli indici di ascolto delle trasmissioni sui lanci spaziali e quindi per riattivare i finanziamenti statali all'industria aerospaziale. Kent Brockman lo chiama, appunto, «medionauta». L'episodio è andato in onda per la prima volta nel febbraio del 1994. Come ricorda anche Marco Malaspina, l'esplosione dello Shuttle *Challenger*, avvenuta il 28 gennaio 1986, causò la morte di tutti e sette i componenti dell'equipaggio (cinque uomini e due donne), tra cui una donna, Christa McAuliffe, che non era una astronauta ma una semplice insegnante di 37 anni.[18]

Nella puntata troviamo una celebre citazione dal film di Kubrick *2001. Odissea nello spazio*, quando Homer sulle note del valzer di Strauss recupera, mangiandole, le patatine che rischiano di ostruire i condotti e gli strumenti dello Shuttle (con una bellissima soggettiva di una patatina che sta per essere ingoiata). Alla fine, la barra di carbonio che ha salvato i tre astronauti avrà l'onore di una parata sulla Quinta strada, esattamente come i grandi astronauti degli anni Settanta al ritorno dalle loro missioni. L'episodio termina con un'altra citazione da *2001: Odissea nello spazio*. Quando Bart lancia il pennarello-clava, questo si trasforma nel satellite della Fox (la rete televisiva che trasmette i *Simpson*) e appare un Homer-feto in una bolla spaziale.

Altro "nervo scoperto" della recente storia americana è l'impegno militare statunitense in Medio Oriente, a partire dalla prima guerra del Golfo, più volte citata nei *Simpson*. Nell'episodio

---

18 Marco Malaspina, *op. cit.*, pp. 137-40.

Gli aiutanti speciali di Bart, Bart entra in uno spogliatoio della caserma di Springfield. Sulla maglietta di uno dei soldati è scritto: «Sono stato nel Golfo Persico e tutto ciò che ne ho ricavato è stata questa schifosa sindrome». Il riferimento è alla sindrome della guerra del Golfo o sindrome del Golfo, una malattia multifattoriale invalidante di cui soffrono veterani già impiegati nelle operazioni belliche in Iraq – *Desert Storm*, *Iraqi Freedom* e *New Dawn* –[19] ed è caratterizzata da disfunzioni del sistema immunitario e nervoso, stati infiammatori cronici, malattie mitocondriali e malformazioni dei feti. I sintomi attribuibili alla sindrome sono molto vari, e comprendono: fatica cronica, problemi gastroenterici, dolore muscolare e alle articolazioni, fibromialgia, problemi dermatologici, perdita di controllo muscolare, cefalee, vertigini e perdita dell'equilibrio, problemi di memoria, fiato corto e anche resistenza all'insulina.[20] Quando questo episodio andò in onda, nell'ottobre del 1999, il riferimento era soltanto alla prima guerra del Golfo (*Desert Storm*), scoppiata il 2 agosto del 1990 e terminata nel febbraio del 1991. Il conflitto oppose l'Iraq di Saddam Hussein, che aveva invaso il Kuwait, e una coalizione di 35 Stati sotto l'egida dell'ONU e guidata dagli Stati Uniti a difesa del piccolo emirato occupato dalle truppe irachene. La coalizione schierò quasi un milione di soldati e migliaia di mezzi terrestri, aerei e navali. Gli americani contarono solo 150 morti. Ma in migliaia

---

19 Al 2008 i reduci dalla guerra in Iraq che ne soffrivano erano 175.000.

20 La malattia è stata riconosciuta anche da un rapporto commissionato dal Congresso, il *Research Advisory Committee on Gulf War Veterans*, che ha raccolto, in sette anni di indagine (dal 2001 al 2008), centinaia di testimonianze e cartelle cliniche dei soldati reduci. Secondo il rapporto le possibili cause di questa sindrome sono due: un farmaco somministrato ai militari per proteggerli dal gas nervino, o l'esposizione a pesticidi usati abbondantemente durante la guerra. Altra possibile causa non esclusa è l'esposizione ai fumi dei pozzi petroliferi in fiamme. Il rapporto ha concluso che la Sindrome è quindi una condizione fisica "reale" e distinta dallo "shock da esplosione" di cui soffrono ex combattenti in altre guerre.

rimasero intossicati dalle armi chimiche e batteriologiche usate probabilmente da entrambe le parti.

In seguito, tutti i reduci dei conflitti in quell'area avrebbero sofferto di quella Sindrome.

Il "difficile Medio Oriente" è protagonista anche in *La più grande storia mai ra-d'oh-ntata*, episodio nel quale Ned Flanders invita Homer a un pellegrinaggio in Terra santa per tentare di trasformarlo in un uomo migliore. Marge apprezza l'idea e tutti i Simpson partono per Israele con Ned, Rod e Tod insieme al reverendo Lovejoy e moglie, Krusty, il dottor Hibbert e consorte, Agnes Skinner e Secco.

All'aeroporto di arrivo un cartello recita: «Benvenuti in Israele dove vengono usati i soldi dei contribuenti americani», riferimento all'indispensabile sostegno finanziario e politico americano a quella che si autodefinisce come l'unica vera democrazia in Medio Oriente. A Gerusalemme hanno come guida Jacob al quale Marge chiede: «Hai qualche consiglio per la sicurezza?». E Jacob: «Che stai dicendo? Questo è il Paese più sicuro del mondo. Unico pericolo è la disidratazione».

Durante la visita alla basilica del Santo Sepolcro, Homer si addormenta sulla tomba di Gesù. Ned, indignato per la mancanza di rispetto del vicino, cede a una crisi di nervi; ma, a causa del trambusto provocato dalla scenata, viene vietato a entrambi l'ingresso al tempio per tutta la vita. Credendo Flanders fuggito nel deserto, in realtà semplicemente entrato in un bar, Homer si inoltra tra le dune di sabbia perdendosi. Si ritrova vicino al Mar Morto dove ha un'allucinazione che gli fa credere di essere il Messia. Decide così di recarsi alla Cupola della Roccia, luogo sacro per tutte e tre le religioni abramitiche, per spiegare che non ha senso essere divisi fra cristiani, ebrei e musulmani (lanciando il messaggio «Pace e pollo!»). Flanders capisce allora di essere riuscito a migliorare il vicino almeno un po'.

In *La mia sorella babysitter* Ned lascia i suoi figli Rod e Tod in custodia a Lisa, che vuole fare la babysitter, perché sua moglie e sua suocera, in visita a Tiro e a Sidone, sono state prese in ostaggio da «militanti di qualche specie», quando ancora, molto prima della seconda guerra in Iraq e di quella in Afghanistan, i rapimenti di americani da parte di terroristi fondamentalisti islamici erano molto sporadici.

La seconda guerra del Golfo invece è citata in *Vita da star* (Titolo originale: *La vendetta è un piatto che va servito tre volte*). All'inizio dell'episodio, quando il texano ricco[21] taglia con la sua auto la strada a Homer e questi sta per colpirlo con una mazza da baseball, Marge gli dice che la vendetta non ha mai risolto niente. La risposta di Homer è: «Allora che ci fa l'America in Iraq?».

---

[21] Il ricco texano (in originale *Rich Texan*) è un personaggio minore ma ricorrente. Compare spesso a Springfield ed è lo stereotipo del texano, con tanto di cappello da cowboy e pistole sempre pronte a sparare. Ha una figlia identica a Paris Hilton, chiamata (omaggio degli sceneggiatori a Wim Wenders), *Paris Texan*.

Le ombre lunghe del Novecento

Homer: Ci vorrà un po' prima di assimilare la cosa. Comincerò come sbirro. Poi col tempo diventerò uno sbirro corrotto (*Alla faccia della bandiera*).

Homer: Tipici stranieri che intasano il sistema sanitario.
Immigrato di Ogdenville: Io fatto male mia schiena sturando tuo pozzo nero.
Homer: Sven, puoi passare domani? È di nuovo otturato!
Immigrato di Ogdenville: Ja (*Arrivando in Homerica*).

Bart: Posso davvero tradire il mio Paese? Io recito il giuramento di fedeltà ogni giorno!
Spia cinese: È il giuramento di fedeltà alla bandiera. E la bandiera è Made in China (*Homer il padre*).

Dick Cheney: Ogni volta che non ottengo quello che voglio Al Qaeda vince (*Fool Monty*).

Apu: Commissario, perché quando si parla di terroristi in città viene sempre da me?
Winchester: Piantala Apu, guardo le persone non noto il loro colore. Noto solo la loro religione squinternata (*Homerland*).

Agli eventi degli anni Settanta-Novanta potremmo aggiungere quelli degli anni a noi più vicini. I *Simpson* non disdegnano infatti di trattare alcuni tra gli argomenti più scottanti dei decenni recenti: il terrorismo, l'emergere di nuove potenze economiche mondiali in competizione con gli USA, come la Cina, le "emergenze" sanitarie, la seconda guerra del Golfo, la difficile coesistenza tra i diversi gruppi etnici di cui si compone il *melting pot* americano,[22] la "grande recessione" iniziata nel 2007-2008.[23]

Andato in onda pochi anni dopo l'attentato alle Twin Towers, e precisamente nel maggio 2004, l'episodio *Alla faccia della bandiera* (in originale *Bart Mangled Banner*, che fa il verso all'inno nazionale americano, *The Star Spangled Banner*) mette, per esempio, in scena l'atmosfera di paure, sospetti, diffidenza e isteria patriottica e sciovinista diffusasi in America dopo l'11 settembre 2001. Durante una partita di basket nella palestra della scuola, Bart, diventato sordo a causa di un vaccino, finisce accidentalmente con i pantaloncini calati e mostra il sedere alla bandiera americana, profanandola. Tutto il pubblico lo fischia e il texano ricco esclama: «Come osi? Quella è la bandiera contro la quale combatté mio nonno!».24 Lenny, a sua volta aggiunge: «Quando insulti la bandiera tu insulti il mio tatuaggio (una bandiera tatuata sul petto con i nomi dei candidati repubblicani, sconfitti, alle elezioni presidenziali del 1996, Dole e Kemp). Apu commenta: «Non sono entrato illegalmente in questo Paese per vedere lui deriso!». Il giornale, con un divertente gioco di parole titola: «In-de-no-pants-day!».25 Skinner convoca i genitori di Bart e li avverte: «Il comportamento di Bart mi sgomenta, come direttore e come veterano dell'unica guerra non vinta (non dice «persa»!) dell'America». «Fino a oggi» aggiunge Homer!

I bulli della scuola cominciano a tormentare Bart, apostrofandolo con l'epiteto «iracheno». Tutta la famiglia viene accusata di

---

[22] *Melting pot* che i *Simpson* mostrano spesso come qualcosa di incompiuto, basti pensare alle figure di Boe Szyslak e Apu.

[23] Le cause di molti di questi fenomeni affondano le loro radici nell'ultimo trentennio del XX secolo. Per questo abbiamo preso in prestito per questo paragrafo il titolo di un saggio di Valerio Castronovo, *Le ombre lunghe del '900. Perché la storia non è finita*, Mondadori, Milano 2010.

[24] Essendo texano, durante la guerra di Secessione i suoi antenati hanno fatto parte dell'esercito della Confederazione, uscita sconfitta dal conflitto.

[25] Che sta per In-de-pen-den-ce day.

odiare gli Stati Uniti, in un delirio di patriottismo che, ricordando la puntata *Il signor Lisa va a Washington*, potremmo definire "gingoista". Homer risponde alle accuse, mentre sta giocando a golf in un parco divertimenti: «Nessuno mi dà del non patriottico!». Peccato che appena finisce la frase, calpesta, distruggendole, due riproduzioni in miniatura della Casa Bianca e di Mount Rushmore.[26] Poi si getta in auto e, cercando di andarsene il più velocemente possibile, passa con le ruote sopra le "macerie" degli stessi modellini! Al bar di Boe, anche gli amici di bevute gli si dimostrano ostili. Lo stesso Boe, che in alcuni episodi appare come il tipico esempio di immigrato non assimilato e ultrareazionario nemico dello Stato, arriva a dire: «Homer, questo bar è per americani veri, con un visto permanente. Come me. Che avete da guardare? Sono olandese. Bah, andate a quel Paese!». Ed esce da dietro il bancone, indossando un paio di zoccoli tradizionali.

Invitati a una trasmissione televisiva per esporre la propria versione dei fatti, i Simpson finiscono per far passare il concetto che è l'intera Springfield a odiare l'America. Springfield viene accusata di antipatriottismo e il Congresso dichiara il 25 dicembre «Giornata dell'odio contro Springfield». In Medio Oriente, invece, inneggiano ai Simpson e a Springfield. Il sindaco Quimby decide allora di cambiare il nome della città in Libertyville. Tutta la città appare pavesata di bandiere americane e perfino i colori dei semafori vengono cambiati in blu, bianco e rosso, con un inevitabile ed esponenziale aumento degli incidenti automobilistici. Apu cambia i nomi dei suoi otto figli in: Libertà, Lincoln, Condoleezza, Coca, Pepsi, Opportunità, Torta di mele e Superman. Il cartello davanti alla chiesa di Lovejoy, dove sono tutti riuniti,

---

26 Il monumento di Mount Rushmore è una scultura alta 18 metri, realizzata su una grande parete di roccia dell'omonimo monte. Essa riproduce in grandi dimensioni i volti di quattro famosi presidenti americani: George Washington, Thomas Jefferson, Theodore Roosevelt e Abraham Lincoln. Iniziata nel 1927, l'opera fu portata a termine nei primi anni Quaranta.

recita: «Dio è abbastanza patriottico?». Di fronte a questo eccesso di sciovinismo, Lisa chiede la parola: «Vorrei dire due parole sulla attuale ondata di repressione e di paura. Il Congresso non approverà mai alcuna legge che neghi libertà di parola o di stampa. Ciò è tratto dal primo emendamento della Costituzione».

Infatti, subito dopo fanno irruzione in chiesa le forze speciali SWAT,[27] che arrestano tutti i membri della famiglia per avere violato il decreto «Il governo sa ciò che è meglio».

L'episodio, andato in onda meno di tre anni dopo l'11 settembre 2001, è una sapida critica contro la "furia patriottica" esplosa dopo l'attentato alle Twin Towers, che portò a una limitazione delle libertà garantite dalla Costituzione (come ben ricordato da Lisa).[28] In particolare, con il *Patriot Act*, una legge federale approvata nell'ottobre 2001 sull'onda dell'emozione suscitata dall'attentato, fu concessa ai corpi di polizia e di spionaggio statunitensi (CIA, FBI, NSA) la facoltà di violare la *privacy* dei cittadini con lo scopo di ridurre il pericolo di attacchi terroristici. Nel 2005 la legge venne prorogata e, nonostante nel 2007 sia stata dichiarata incostituzionale dalla Corte Suprema, il 26 maggio 2011 è stata prorogata per altri quattro anni dal Senato e dalla Camera dei Deputati su proposta del presidente Obama. Consigliere per la sicurezza nazionale nell'amministrazione di George W. Bush era nell'ottobre 2001 Condoleezza Rice, il cui nome, come abbiamo visto, viene scelto da Apu per "ribattezzare" una delle gemelle.

I Simpson finiscono in un centro di rieducazione insieme a esponenti della sinistra come Bill Clinton. Si tratta in realtà del

---

[27] L'acronimo sta per *Special Weapons And Tactics* (in origine era *Special Weapons Assault Team*) e indica le unità speciali destinate a operazioni antiterrorismo, salvataggio di ostaggi e antisommossa, presenti in molti dipartimenti di polizia, sia statali sia federali.

[28] Arnaldo Testi, *Riprendersi l'America: il patriottismo americano dopo l'11 settembre*, in *Oltre il secolo americano? Gli Stati Uniti prima e dopo l'11 settembre*, a cura di Raffaella Baritono e Elisabetta Vezzosi, Carocci, Roma 2011.

carcere di massima sicurezza di Alcatraz, dove vengono vestiti con le famigerate tute arancioni, diventate il simbolo delle pessime condizioni di vita dei detenuti islamici a Guantanamo. Le tute arancioni, infatti, vengono fatte indossare ai prigionieri catturati in Afghanistan e in Iraq, accusati di terrorismo contro gli Stati Uniti, che vengono rinchiusi nel carcere cubano, sistematicamente privati dei più elementari diritti e sottoposti a torture continuate. Già nel gennaio 2002, ad appena una settimana dell'apertura del campo di detenzione, l'Alto Commissario per i Diritti dell'Uomo dell'ONU, Mary Robinson, protestò contro le condizioni di detenzione dei prigionieri. Nell'episodio in questione, gli stessi Simpson vengono sottoposti a privazione del sonno e a trattamenti farmaceutici per condizionarne il pensiero. Essi sono costretti ad assistere alla proiezione di un filmato nel quale una Costituzione animata si fa beffe della sua «cugina svitata», una Carta dei diritti alcolizzata.[29] I cinque riescono a fuggire dopo essersi esibiti, in abiti a stelle e strisce, sul palco del carcere con una canzone patriottica. Durante l'esibizione Lisa brucia la sua tessera dell'ACLU, l'Unione Americana per le Libertà Civili.[30] Tuffatisi in mare, vengono ripescati da un mercantile francese e il capitano dice loro: «*Mes amis*, anche noi odiamo l'America. Venite in Francia insieme a noi e ci burleremo del Paese che ci ha salvati due volte dai tedeschi!». Il riferimento è naturalmente al fondamentale sostegno americano, politico economico e militare, nei confronti della Francia attaccata dalla Germania nella prima e

---

29 La Carta ricompare nell'episodio *Fate largo a Lisa*. La pergamena originale della Carta dei diritti, in esposizione nella mostra itinerante dello *Smithsonian Museum* («Essa incapsula tutta l'America e dà vita alla storia» dice Lisa), che fa tappa a Springfield, viene scioccamente rovinata da Homer che per ripagare il danno è costretto ad accettare l'installazione di un ripetitore per telefoni cellulari sul tetto di casa sua.

30 L'ACLU (*American Civil Liberties Union*) è un'organizzazione non governativa fondata nel 1920 con lo scopo di difendere i diritti civili e le libertà individuali negli Stati Uniti.

nella seconda guerra mondiale. Dopo un breve soggiorno a Parigi, i Simpson hanno nostalgia della loro terra e decidono di ritornare in patria da immigrati. Le ultime immagini ce li mostrano su un vecchio transatlantico, vestiti da immigrati europei di inizio Novecento, appena arrivati davanti alla Liberty Island. I fotogrammi finali sono dedicati alla Statua della Libertà. Il monumento fu donato nel 1876 agli Stati Uniti dalla Francia, in segno di amicizia tra i due popoli e per commemorare la Dichiarazione d'Indipendenza americana del 1776 che aveva ispirato la Dichiarazione dei diritti dell'uomo e del cittadino del 1789. In realtà, la statua venne inaugurata 10 anni dopo, nel 1886.

La Statua della Libertà e i valori di cui dovrebbe farsi portatrice compaiono anche in *Tanto Apu per niente*, allorché il commissario Winchester, accingendosi a espellere gli immigrati clandestini secondo la Proposta 24 promulgata dal sindaco Quimby, si trova a fare una citazione distorta del sonetto di Emma Lazarus:[31] «Va bbuo', guaglio', ecco l'ordine di espulsione. Prima di tutto, dovete radunare gli stanchi, poi i poveri e poi, all'ultimo, le masse che sognano la libertà».

Il tema della psicosi scatenatasi in America dopo gli attentati alle Twin Towers e al Pentagono l'11 settembre del 2001 viene ripreso in *Mypod d'ottone e manicotti di dinamite*, episodio trasmesso

---

[31] *Il nuovo Colosso*, nell'originale *The New Colossus*, è un sonetto commissionato nel 1883 alla poetessa statunitense Emma Lazarus dal presidente dell'*American Committee* per la Statua della Libertà. Nel 1903 i versi del sonetto vennero incisi in una lapide di bronzo posta sul piedistallo della Statua della Libertà. La traduzione italiana (1947) del poeta italo-americano Joseph Tusiani è la seguente: «Non come il greco bronzeo gigante / Sopra ogni sponda despota predace / Qui, su le soglie ove son l'onde infrante / S'ergerà la gran Donna dalla face / Che fe' prigione il lampo, e un nome santo / Avrà: Madre degli Esuli. Il vivace / Suo faro invita il mondo, e il pio sembiante / Scruta il mar che tra due città si giace. / Antiche terre, – ella con labbro muto / Grida – a voi la gran pompa! A me sol date / Le masse antiche e povere e assetate / Di libertà! A me l'umil rifiuto / D'ogni lido, i reietti, i vinti! A loro / La luce accendo su la porta d'oro».

nel 2008. In particolare, l'episodio fa riferimento all'ondata di intolleranza e di paura nei confronti delle minoranze di cui furono vittime soprattutto i musulmani.

Bart conosce Bashir, un bambino musulmano che si è trasferito dalla Giordania a Springfield insieme alla famiglia. I bulli della scuola, come Patata, lo minacciano e lo accusano di non poter più portare il dentifricio sull'aereo a causa sua. Bart decide allora di aiutarlo a scappare dalle loro grinfie. Anche Homer fa la conoscenza di Bashir trovandolo subito simpatico e rispettoso con gli adulti. Al bar Lenny e Carl prendono in giro Homer apostrofandolo «amico degli arabi» e Boe aggiunge: «Homer, è una cosa seria. Questo Bashir è musulmano e di sicuro trama qualcosa». E Homer: «Senti, io non ci credo fino a quando non vedo un programma di fiction tv che sposa il tuo punto di vista». Prontamente, Boe accende la tv su un telefilm nel quale un agente dell'FBI interroga un "cattivo" terrorista musulmano e gli chiede dove ha nascosto il gas nervino. E il terrorista: «Sotto il vestito della Statua della Libertà. E le è piaciuto molto!». Homer si convince del pericolo rappresentato dalla famiglia musulmana e si chiede cosa può fare. Carl gli dice: «Se vuoi fermare Bashir e la sua guerra ai principi americani, potresti discriminare la sua famiglia sul lavoro e sulla casa» e Lenny aggiunge: «Sì, una roba patriottica. Ma ho un'idea migliore: invitali a casa». E Boe: «Una cenetta, un dolcetto e poi li convinci con il metodo Jack Bauer32 a rivelare tutti i segreti». Durante la cena a casa Simpson, Homer provoca il padre di Bashir proponendogli di tagliare la torta, che rappresenta la bandiera americana e si scoprirà essere avvelenata. Questi rifiuta, offeso, e se ne va portando con sé l'intera famiglia. Marge rimprovera Ho-

---

[32] Si tratta dell'agente del controterrorismo interpretato da Kiefer Sutherland nella popolare serie tv *24*. Jack Bauer è una figura di spicco del CTU (*Counter Terrorist Unit*) ed è spesso riconosciuto come il miglior agente che il CTU possieda. Jack si occupa di prevenire attacchi ai danni degli Stati Uniti d'America salvando sia civili sia personaggi pubblici.

mer che a sua discolpa dice: «Scusa, ma è così divertente e facile giudicare la gente dalla sua religione». Homer si persuade quindi ad andare a trovarli per scusarsi. Ma appena arrivato, vede il padre di Bashir attraverso la finestra del garage mentre armeggia con la dinamite. Si convince di avere davanti un vero terrorista e la notte sogna di volare su un tappeto persiano. Tra le mani gli compare la lampada di Aladino e dopo averla sfregata gli appare il Genio che minaccia: «Ora distruggerò la vostra società occidentale decadente». Passa quindi a trasformare la chiesa di Lovejoy in una moschea e lo stesso Lovejoy in un imam. Al risveglio Homer è certo che la minaccia sia reale. Continuando a spiare il padre di Bashir e, ascoltando solo alcuni pezzi di una conversazione del musulmano con la moglie, crede che voglia fare saltare in aria degli edifici immolandosi come un kamikaze. In realtà è un ingegnere esperto nella demolizione di edifici in disuso per fare spazio a nuove lottizzazioni. Homer si precipita al centro commerciale di Springfield dove tutto è pronto per far saltare gli edifici più vecchi. "Grazie" all'intervento di Homer la carica di dinamite fa invece esplodere il nuovo ponte, che tra l'altro unisce alla città l'isola dove si produce la birra Duff amata da Homer!

Alla fine, l'equivoco viene chiarito e i Simpson si riconciliano con i genitori di Bashir. Uno striscione campeggia sulla casa di Homer: «Perdonate la mia intolleranza».

In effetti, l'America degli ultimi anni è stata particolarmente segnata dalla difficile convivenza tra le tante etnie che compongono la Nazione. Basti pensare che in città come Los Angeles i cittadini di origine ispanica rappresentano ormai quasi la metà della popolazione e a San Francisco i cinesi sono il 20 per cento, mentre alcuni Stati come la California, il Texas e l'Arizona sono già a maggioranza ispanica.

Nei *Simpson* troviamo traccia di questi difficili rapporti tra gruppi etnici differenti in episodi come *Arrivando in Homerica* e *Tanto Apu per niente*.

In *Arrivando in Homerica* Krusty immette sul mercato un nuovo hamburger (Santa Madre Natura) fatto con «orzo nutrito a grano». Tutti a Springfield si sentono male a causa dell'orzo andato a male preso a Ogdenville, città limitrofa a Springfield, fondata da immigrati norvegesi. Gli ogdenvillesi, dopo che la fabbrica di orzo viene chiusa, vanno a Springfield a fare i lavori che gli springfieldiani non vogliono più fare. Ma questo ha anche delle conseguenze: il sistema sanitario viene "intasato" dagli immigrati e Homer viene licenziato perché trovato ubriaco dopo aver bevuto un liquore norvegese. Gli immigrati vengono quindi banditi da Springfield e i cittadini ingaggiati per sorvegliare il confine, ma l'organizzazione è molto precaria. Si decide quindi di costruire un muro per dividere springfieldiani e ogdenvillesi. Inizialmente Marge è contraria al muro ma cambia idea dopo aver sentito Maggie pronunciare come sua prima parola un monosillabo in ogdenvillese («Ja»). Il muro viene costruito. Subito dopo però gli springfieldiani si rendono conto che sentono la mancanza degli ogdenvillesi e decidono quindi di tornare a vivere tutti insieme.

Al problema dell'immigrazione clandestina è dedicato il già citato *Tanto Apu per niente*. Dopo che un orso è stato visto scorrazzare per la città, il sindaco Quimby vara una nuova tassa per sovvenzionare una Pattuglia Orsi. Di fronte alla protesta dei cittadini contro l'eccessiva pressione fiscale, Quimby imputa alla presenza degli immigrati clandestini l'aumento delle tasse. Annuncia quindi un referendum su una proposta di legge per espellerli dalla città. Temendo di poter essere cacciato, il gestore del Jet Market, Apu, acquista una falsa identità americana dal boss mafioso Tony Ciccione, ma si sente in colpa per aver tradito le sue radici indiane. Lisa nel frattempo scopre che esiste una moratoria per chi vive in America da un certo periodo di tempo e che Apu può ottenere la cittadinanza americana sostenendo un esame sulla storia degli Stati Uniti. Apu supera il test e ottiene la cittadinanza. Ma la legge antimmigrati, la sopracitata Proposta 24, passa lo stesso, nonostante Homer tenga un infervorato discorso nel quale, tra le altre cose, dice: «Noi consideriamo questo Paese come una cosa dovuta. Ma non è così per gli immigrati come Apu. Mentre noi ci sbronziamo a tutta birra loro guidano i taxi che ci portano a casa sani e salvi, loro scrivono le opere che ci intrattengono tutti i giorni… questa gente è la colla che lega l'ingranaggio della nostra cara società».

Altra causa di una "sindrome da insicurezza" diffusa tra gli americani è l'emergere di nuove potenze economiche, politiche e finanziarie, come la Cina. L'ascesa della Cina a potenza economica mondiale in competizione con gli Stati Uniti è protagonista di alcuni episodi. In *Adozione Made in China*, quando l'aereo dei Simpson arriva all'aeroporto di Pechino, si scopre che ormai i cinesi esportano negli USA anche alcuni tra i prodotti tipici americani: aragoste del Maine, fiocchi d'avena e crostate di mele. In effetti, nella primavera del 2006, appena un anno dopo la messa in onda di questo episodio, il disavanzo della bilancia commerciale americana nei confronti di Pechino ammontava a oltre 200 miliardi di dollari. Le importazioni dalla Cina erano arrivate infatti a 287 milioni di dollari contro i 53 milioni di dollari di merci esportate dagli USA in Cina.

Un chiaro riferimento al "pericolo cinese" si ha anche nell'episodio *Homer il padre*. Poiché Homer si rifiuta di comprare al figlio la minimoto tanto desiderata (Assassina della strada), Bart, dopo aver scritto al presidente della Cina, a quello dell'Iran e a quello dell'Iraq, si mette in contatto con un'organizzazione criminale cinese (in acronimo CIA, ovvero Cinesi Infiltrati in America) e rivela loro preziose informazioni segrete riguardanti la centrale nucleare. Nel frattempo Homer e Bart iniziano a rispettarsi e ad apprezzarsi l'un l'altro, così Homer decide di regalare al figlio la minimoto che desiderava. Bart si trova spiazzato, poiché ha già ricevuto la minimoto dai criminali e capisce di avere sbagliato. Il rimorso per il tradimento gli fa immaginare di venire pestato da uno Zio Sam e da una Statua della Libertà animati e alla fine un'aquila reale gli lacera il petto. Grazie però all'intervento del padre, che nel frattempo ha scoperto tutto, riesce a riprendersi la chiavetta con le informazioni riservate sulla centrale nucleare.

Era trascorso meno di un anno dall'inizio della crisi scoppiata negli Stati Uniti con il fallimento della banca d'affari Lehman Brothers nel settembre 2008, quando andò in onda, nel marzo 2009, un episodio dei *Simpson* dedicato al tema e intitolato *Mai più mutuo, naturalmente!*

La crisi economica, innescata dai mutui *subprime*, che dal 2007-2008 ha fatto crollare prima l'economia americana e poi quella europea e di molti altri Paesi in tutto il mondo, assunse progressivamente un carattere globale e perdurante in seguito a una crisi del mercato immobiliare e una susseguente crisi finanziaria mondiale. Tra le sue principali cause ricordiamo gli alti prezzi delle materie prime (petrolio *in primis*), una crisi alimentare planetaria, la minaccia di una recessione in tutto il mondo e una crisi creditizia, seguita a quella bancaria, con conseguente crollo di fiducia dei mercati borsistici. Essa, denominata la Grande recessione, è stata considerata da molti economisti come una delle peggiori crisi economiche della storia, seconda solo alla grande depressione del 1929.

In *Mai più mutuo, naturalmente!* i Simpson organizzano una grande festa per il Martedì Grasso, invitando la maggior parte dei cittadini. Finiti i festeggiamenti, a Lenny che gli chiede come fa tutti gli anni a permettersi di organizzare questa grande festa, Homer risponde: «Perché ho una cosa magica che si chiama prestito di partecipazione della casa. Io prendo in prestito tutti i soldi che voglio ma è la casa che si ritrova il conto». Lenny: «Non sono molto sicuro che funzioni così».

Infatti, la rata del mutuo diventa così pesante che a Homer arriva una busta con su scritto: «Warning. Your adjustable mortgage rate is about to reset».[33] I Simpson devono quindi contattare il broker del loro mutuo, Gil Gunderson. Ricordiamo che nella maggior parte dei casi erano gli stessi broker e promotori finanziari che spingevano la gente a scaricare i debiti famigliari sul mutuo della casa e a investire in mutui *subprime*.

Alla *Countryfine. The Lemonade and Mortgage Company,* Gil si mette davanti al computer e dice: «Vediamo un po': estinzione del pagamento gonfiata, percentuale di interesse che aumenta ogni minuto, tariffa del contratto esclusa... ecco la vostra nuova rata mensile (una cifra astronomica)». E Homer, arrabbiato: «Quando mi hai dato quei soldi hai detto che non avrei dovuto pagarli fino al futuro e questo non è il futuro. Questo è il pidocchiosissimo presente». Gil: «Calmati, questo Paese si prende cura della sua classe media». Infatti, subito dopo, Gil pianta davanti alla casa di Homer un cartello con su scritto «Foreclosure. House auction today»[34] e per consolarlo gli dice: «Non te la prendere con le banche. Abbiamo licenziato l'amministratore delegato e se n'è andato con soli 50 milioni di dollari di buonuscita».[35] Homer: «Poveretto. Ma sta bene?». Gil: «Be', come si può stare bene nel Nord della Francia». Durante quest'asta viene presentata un'unica offerta di 100.000 dollari da parte di Montgomery Burns, ma Ned Flanders, ormai affezionato ai suoi vicini, decide di prenderla per 101.000 dollari e darla in affitto ai Simpson, che lo ringraziano per questo nobile gesto. Siccome è il padrone di casa, Ned si offre di compiere i vari lavori di riparazione, ma si stanca in fretta in seguito alle continue richieste dei Simpson. A causa del mancato aiuto nelle riparazioni domestiche, Homer, sobillato da

---

33 Attenzione. La vostra rata del mutuo a tasso variabile sta per essere ricalcolata.

34 Vietato l'accesso. Casa all'asta.

35 Tipico esempio di quella classe manageriale del capitalismo finanziario contro la quale si è scagliato il movimento di Occupy Wall Street con il suo celebre slogan «We are the 99%!».

Boe Szyslak, racconta ai media una montatura della storia in cui Ned prende le sembianze del cattivo locatore. Tutto questo provoca l'ira di Ned che decide di sfrattare i Simpson. Questi allora si prendono in casa il Nonno, perché non si può essere sfrattati se la famiglia ha un componente con più di 65 anni di età. Quando ormai pensano di averla fatta franca, Flanders convince il Nonno ad andare a vivere da lui e così riesce a sfrattare i Simpson, che devono andare in un ricovero per senza tetto. Proprio quando sta per affittare la casa a una nuova famiglia, Ned si accorge che i Simpson gli mancano e che la loro presenza rende interessante la sua vita, perciò decide di annullare il contratto appena stipulato con i nuovi inquilini e fa sì che i Simpson possano riavere la loro casa.

Nella *couch gag* dell'episodio *I robot*, sotto uno striscione che recita: «America Most powerful Country in the World»[36] appaiono tutti gli anni della serie, dal 1989 al 2012. Ma nel 2010 Homer e Bart cambiano lo striscione con un altro che recita: «Too big to fail. We hope»,[37] chiaro riferimento alla crisi finanziaria iniziata nel 2007-2008. In particolare, l'espressione «Too big to fail» si riferiva al fatto che nell'ottobre 2008 il governo americano all'epoca della seconda presidenza di George W. Bush decise di intervenire attraverso il "Piano Paulson", per venire in soccorso dei grandi istituti di credito e delle banche americane a rischio di fallimento a causa della esplosione della bolla dei mutui *subprime*. Esse erano considerate troppo rilevanti economicamente per essere abbandonate dalla mano pubblica in caso di rischio di fallimento. Non era stata considerata tale la grande banca d'investimenti americana Lehman Brothers, costretta alla bancarotta e al licenziamento di 26.000 dipendenti soltanto due settimane prima.

La crisi del 2007-2008 ha prodotto i suoi maggiori effetti nel 2010, considerato l'*annus horribilis* di questa fase recessiva a causa

---

36 America. Il Paese più potente al mondo.

37 Troppo grande per fallire. Speriamo.

dell'allargamento della crisi ai debiti sovrani e alle finanze pubbliche di molti Paesi, in larga misura gravati dalle spese affrontate nel sostegno ai sistemi bancari. Tra essi bisogna ricordare senz'altro i Paesi dell'Eurozona, impossibilitati a operare manovre sul tasso di cambio o ad attuare politiche di credito espansive e di monetizzazione; alcuni Paesi (Portogallo, Irlanda, Grecia) hanno evitato l'insolvenza grazie all'erogazione di ingenti prestiti da parte di FMI e UE, denominati «piani di salvataggio», volti a scongiurare possibili default. Come dimostra però il recente caso della Grecia, le politiche di bilancio fortemente restrittive sui conti pubblici hanno frenato i consumi e alimentato ulteriormente la spirale recessiva.

In *Bart smette di annusare le Roosevelt*, andato in onda nell'ottobre del 2011 in piena crisi finanziaria, la famiglia Simpson si reca a una raccolta fondi per la scuola. Un cartello appeso fuori recita: «Tema di quest'anno: annegare nei debiti».

All'allarmismo sanitario del primo decennio del XXI secolo è dedicato invece l'episodio *Fool Monty*, andato in onda per la prima volta negli USA il 21 novembre 2010, dopo un decennio di "emergenze sanitarie". In effetti, tra la fine degli anni Novanta e l'inizio del XXI secolo imperversò la sindrome della "mucca pazza", nel 2002 fu la volta della Sars (la polmonite asiatica), nel 2005 dell'influenza aviaria, nel 2009 della febbre suina. Nella maggior parte dei casi i *mass media* hanno dimostrato la tendenza ad allarmare e cavalcare il sensazionalismo piuttosto che a informare e gli sceneggiatori dei *Simpson* non hanno mancato di registrare il fenomeno.

In una riunione segreta dell'impero dei media americani, che si tiene dentro la corona della Statua della Libertà, si discute sulla «prossima cacchiobufala crisi per far tornare gli americani al loro posto: camere buie, spiaccicati alla tele, costretti a non saltare una pubblicità». Qualcuno suggerisce: «Che ne dite del vecchio panico da sanità pubblica?». Un'altra propone: «Una nuova malattia.

Nessuno ne è immune. È una epidemia ed è per sempre». A questo punto qualcuno precisa: «Noi abbiamo degli standard. Non può essere una malattia inventata.[38] L'unica cosa che si può fare moralmente è rilasciare un virus letale tra la popolazione». «Per puro caso ne abbiamo uno da parte ma non è stato ancora testato». Lo testano con una siringa sul rappresentante della NBC (l'emittente "sfigata"), che cade a terra in preda alle convulsioni. «Abbiamo la nostra malattia letale. Ora abbiamo bisogno di qualcosa che è presente in ogni casa. Qualcosa di cui la gente abbia già un po' di strizza». Subito dopo il conduttore televisivo Kent Brockman annuncia: «Arriva l'influenza micioria (il titolo del servizio è *Apocalypse Meow*), che potrebbe diventare una vera e propria epidemia. Perciò fate attenzione, quel corpo caldo sulle vostre gambe potrebbe attentare alle vostre tenere provviste». Marge che è davanti alla tv con il gatto sulle gambe ha un sussulto. Homer interviene subito con delle pinze e un sacco nel quale sigilla Palla di neve. Intanto, in tv Kent Brockman riappare vestito con una tuta antibatteriologica: «Abitanti di Springfield, restate sintonizzati per avere informazioni nel caso avvertiste leggera sete, fame occasionale, stanchezza serale». I gatti diventano lo spauracchio del nuovo allarmismo mediatico. Subito vengono forniti vaccini gratuiti, pagati dal governo alle multinazionali farmaceutiche, ma i cerotti per i bambini costano 25 dollari!

Burns pretende 37 dosi: due per sé stesso e per Smithers e le altre 35 per i propri cani. Ma il medico che gli somministra il vaccino gli dice che le sue analisi parlano chiaro: ha solo dalle 4 alle 6 settimane di vita. A quel punto Burns tenta il suicidio e tutti lo

38 In realtà, nell'episodio *Marge in catene*, la città di Springfield viene effettivamente colpita dalla «influenza di Osaka». La folla inferocita manifesta davanti all'ospedale chiedendo una cura per l'epidemia e il dottor Hibbert confessa: «L'unica cura è il riposo a letto. Qualsiasi cosa io vi dia sarebbe solo un placebo». E la folla: «Dove possiamo trovarli questi placebi? Forse c'è ne è qualcuno in questo furgone!». E lo ribaltano, liberando in realtà delle feroci "api assassine"!

credono morto, mentre in realtà ha perso la memoria ed è stato ritrovato da Bart che lo ha nascosto nella sua stanza.

Smithers allora va alla stazione per andare a lavorare per il suo nuovo capo. Si tratta di Dick Cheney (il suo biglietto da visita recita «Dick Cheney. Artefice del crollo dell'America»), un uomo ai suoi occhi molto simile al vecchio capo: è spietato, ha studiato a Yale, ha guadagnato una fortuna con l'energia, è praticamente senza capelli, gli piace ammucchiare gli uomini nudi. Quando Cheney si addormenta sulla sedia a dondolo, Smithers gli poggia sopra una felpa con su scritto «Fishin' accomplished».[39] Il riferimento è al già citato «Mission accomplished» e alla politica di deciso interventismo militare sullo scacchiere mediorientale da parte dei neoconservatori di cui l'amministrazione di Bush jr e di Cheney era espressione. Secondo alcuni, l'ex vicepresidente di George W. Bush, dal 2001 al 2009, è stato la vera anima di quella amministrazione, l'uomo dei poteri forti petroliferi, il cui compito era di affiancare e allo stesso tempo controllare da vicino il giovane rampollo del vecchio presidente Bush.

Nato nel 1941, Cheney iniziò la sua carriera politica nel 1969 facendo parte del governo guidato da Richard Nixon. Nel 1974 Cheney entrò nello staff del nuovo presidente Gerald Ford e successivamente fu nominato Assistente Aggiunto del Presidente. Nel novembre del 1975 fu Capo di gabinetto della Casa Bianca. Nel 1977 fu eletto alla Camera. Da marzo 1989 a gennaio 1993 ricoprì la carica di Segretario alla Difesa nell'amministrazione di George Bush padre. In questa veste gestì due delle più importanti operazioni militari della storia recente degli Stati Uniti: *Giusta Causa* a Panama e *Desert Storm* in Iraq, guadagnandosi la fama di "falco". Dal 1995 divenne presidente e amministratore delegato della grande azienda petrolifera ed edilizia Halliburton. Nel 2000 George W. Bush lo scelse come proprio vicepresidente nella corsa verso la Casa Bianca. Il 20 gennaio 2001 diventò vicepresidente

---

[39] Pesca compiuta.

degli Stati Uniti e venne successivamente riconfermato da Bush nel suo secondo mandato.

Perfetto contraltare dell'"allarmismo mediatico" è il terrorismo ecologista protagonista dell'episodio *Homerland*[40] nel quale una minaccia terroristica incombe su Springfield.

All'inizio della puntata compare Ronald Reagan e dice «L'America deve affrontare una nuova, terribile minaccia: il terrorismo»; George Bush sr afferma: «Dobbiamo stare all'erta, mettere al sicuro ogni casa, ogni chiesa»; Clinton pacatamente ricorda: «Sono cresciuto in una piccola cittadina dell'Arkansas che, per ironia della sorte, si chiamava "terrorismo"»; la statua di Abraham Lincoln esplode.

Homer parte per un convegno, insieme ai suoi amici Lenny e Carl. Dopo tre giorni, la famiglia va all'aeroporto per attendere il suo arrivo, ma Homer non si presenta, mentre Lenny e Carl non ricordano l'ultima volta in cui l'hanno visto. La mattina seguente Homer torna a casa, ma dice di non ricordare niente di ciò che gli è accaduto nei giorni precedenti. Homer comincia però a comportarsi in maniera sospetta e Bart e Lisa decidono di indagare. Lisa scopre così che Homer prega di nascosto nel garage e, avendo saputo da Winchester che alcuni terroristi stanno preparando un attentato a Springfield, si convince che suo padre vi sia coinvolto. Lisa chiama l'agente dell'FBI Annie Crawford e la avverte che c'è qualcuno a cui lei vuole molto bene che si comporta come un terrorista. Lisa scopre che Homer ha intenzione di far saltare in aria la centrale nucleare, che avvelena l'aria e l'acqua della città. In effetti, Homer si reca al lavoro portando con sé un involucro misterioso. Prima che porti a termine il suo piano, Lisa lo sorprende e gli chiede perché vuole fare saltare in aria la centrale.

---

40 Il titolo dell'episodio riecheggia quello della serie *Homeland – Caccia alla spia*. Girata a partire dal 2011 e ancora in produzione, *Homeland* si ispira alla serie israeliana *Hatufim* e ha per protagonista Carrie Mathison, un'agente della CIA affetta da un disturbo bipolare.

Homer racconta allora di essere salito su un pulmino dove alcuni ecologisti gli hanno mostrato la verità riguardo a molte cose: che i maiali non sono affatto contenti di diventare braciole e che la centrale inquina l'acqua e l'aria di Springfield. La "bomba" che ha introdotto di soppiatto è piena di latte avariato e di pollo di bassa qualità acquistati da Apu.[41] Quando li immetterà nell'impianto dell'aria condizionata appesteranno l'aria per sempre. Lisa capisce: «Nessuno si farà male, ma nessuno potrà più usarla!». FBI e polizia fanno irruzione ma Lisa riesce ad attivare la "bomba" biologica. Purtroppo il piano non funziona perché l'impianto dell'aria condizionata non ha mai funzionato. Si scopre inoltre che Burns ha venduto illegalmente la centrale ai cinesi. Da quel momento, tutti verranno sottoposti a rigide misure di controllo prima di poter accedere alla centrale.

---

[41] Si tratta dunque di una "bomba biologica" molto simile a quella che la madre di Homer, Mona, aveva piazzato nei laboratori chimici di Burns molti anni prima. Neppure quella aveva funzionato.

appendice

PERSONAGGI STORICI "IN GIALLO"

Sono davvero tantissimi i personaggi storici presenti negli episodi della serie, in "carne e ossa" o semplicemente evocati. Ci limiteremo qui a ricordare solo alcuni e i più importanti, oltre a quelli già citati.

Bush, George sr

È assoluto protagonista di Due pessimi vicini di casa. Durante il mercatino dell'usato, nel quale Homer mette in vendita una maglietta che raffigura un accigliato Ayatollah Khomeini, arrivano in Evergreen Terrace[1] due nuovi vicini. Si tratta dell'ex presidente George W. Bush e di sua moglie Barbara. Avendo deciso di ritornare a vivere come due comuni cittadini, hanno preferito risiedere in un posto dove la maggior parte degli abitanti non si interessa di politica. Hanno quindi scelto Springfield perché è la città con il più basso tasso di affluenza alle elezioni di tutta l'America. Bart inizia a far visita ai nuovi vicini, ma i suoi tanti dispetti finiscono per indisporre l'ex presidente. Anche Homer dimostra subito una idiosincrasia nei confronti di Bush. Gli è così poco simpatico che ha bisogno di leggere la sua biografia in un libro dedicato ai presidenti per poter dire: «E va bene. La sua storia (cioè il fatto che sia stato presidente degli Stati Uniti) è veritiera».

La goccia che fa traboccare la rabbia di Bush è la distruzione del manoscritto con le sue memorie da parte di Bart che lo fa triturare accidentalmente da un motore fuoribordo. A quel punto, Bush ritiene che Bart abbia bisogno di una punizione e lo sculaccia. Homer, appena venuto a conoscenza del fatto, va da Bush

1 Si tratta della via in cui abita la famiglia Simpson.

per chiedere spiegazioni. Convinto che Bush non avrebbe dovuto sculacciare suo figlio, Homer inizia una guerra di dispetti con il nuovo vicino, che alla fine se ne va scornato.

Spesso gli sceneggiatori fanno dell'ironia sulla mancata rielezione di Bush sr a un secondo mandato. Tra gli ultimi cinque presidenti americani, infatti, Bush sr è stato l'unico a essere rimasto in carica per soli quattro anni. In questo episodio l'ex presidente, alla fine della redazione delle sue memorie, si consola dicendo: «E siccome ho raggiunto tutti i miei intenti come presidente in un solo mandato non c'era bisogno di un secondo. Fine». E, impietosamente, vengono inquadrate le parole «for a second»[2] mentre Bush esclama: «Belle memorie! Belle, non eccezionali». Quando il manoscritto, a causa di Bart, finisce triturato da un motore fuoribordo, su un frammento che compare in modo quasi subliminale si leggono tre sole parole: *V. P. Quayle embarrassment*. È evidente il riferimento alla figura del suo vice Dan Quayle che venne più volte ridicolizzato dai media americani per la sua scarsa cultura politica e la sua propensione a impappinarsi durante i discorsi pubblici.

Bush compare insieme ad altri tre presidenti anche in *L'orsetto del cuore*, dove i quattro fanno la fila per portare un regalo alla festa di compleanno del signor Burns. Ma mentre Nixon e Reagan vengono fatti entrare, Bush sr e Carter devono restare fuori. La guardia specifica: «Chi non è stato rieletto non entra». Carter a Bush: «Vieni, conosco una paninoteca da favola» e Bush: «Stammi alla larga, perdente».

Bush appare inoltre come componente del consiglio mondiale dei Tagliapietre in *Homer il grande*.

Carter, Jimmy

Il presidente democratico compare in *L'erba del vicino è sempre più verde*. I Simpson lo vedono mentre in tuta da lavoro è intento

---

2 Per un secondo.

a segare un'asse di legno. Sta costruendo case per i diseredati, in questo caso Cletus e famiglia, e un cartello al suo fianco recita: «Habitat for Humanity». Il riferimento è all'organizzazione non governativa e non profit nata nel 1976 e della quale, dal 1984, Jimmy Carter e la moglie sono diventati due dei principali sponsor e sostenitori. Il suo scopo è di costruire «semplici e decorose» abitazioni per i più poveri in tutto il mondo.

Una statua di Carter è protagonista dell'episodio *Marge in catene*. A causa della detenzione di Marge e della mancanza dei suoi «deliziosi quadratini al miele», la fiera del dolce organizzata per raccogliere i fondi necessari per abbellire la città con una statua di Lincoln finisce per fruttare 15 dollari in meno. La città non può più permettersi la statua del presidente abolizionista e deve ripiegare su una statua del presidente Carter (la lapide centrale recita «Disagio per sempre»), con grande scorno dei cittadini di Springfield che evidentemente non amano molto il 39° presidente degli Stati Uniti.

Nel luglio del 1979 il presidente Carter tenne un discorso alla Nazione passato alla storia come il *malaise speech*, il "discorso del disagio". In piena crisi energetica Carter, in quello che sarà considerato come uno dei più importanti discorsi della sua presidenza, disse che gli americani stavano attraversando una «crisi di fiducia» e li invitava a uno stile di vita meno "consumista". Il discorso fu giudicato troppo pessimista e frutto dei problemi del suo governo.

Subito dopo, dalla folla si levano voci di dissenso: «Ma facci il piacere!», «È il più grande mostro della storia!». La statua del presidente dal sorriso tirato viene prontamente abbattuta e usata per distruggere le vetrine di un negozio. La scena successiva ci mostra la città in preda ai disordini, come nei già citati *riots* che molte volte hanno sconvolto le città americane nel corso del XX secolo.

Alla fine la cittadinanza si rende conto di non poter stare senza Marge e la accoglie con sollievo al ritorno a casa dalla detenzione. Per mostrarle il proprio affetto le regala una statua: è la statua di Carter riciclata, con un'acconciatura posticcia simile a quella di Marge e sulla quale «Malaise forever» è diventato «Marge forever».

Ricordiamo inoltre che molti americani non hanno mai perdonato a Carter il fallimento della operazione di liberazione degli ostaggi americani catturati dagli iraniani subito dopo la rivoluzione di Khomeini. Il 4 novembre 1979 52 membri dell'ambasciata statunitense a Teheran furono presi in ostaggio, dopo l'occupazione dell'edificio da parte di un gruppo di studenti iraniani. Gli studenti facevano parte del movimento rivoluzionario iraniano che, approfittando della partenza dello Scià per New York per sottoporsi a un trattamento oncologico, instaurò in Iran una Repubblica islamica. Il suo leader, l'ayatollah Khomeini, il primo novembre invitò la popolazione a manifestare contro gli Stati Uniti e il 4 novembre un gruppo di circa 500 studenti assaltò l'ambasciata. La popolazione americana reagì con sdegno al sequestro dei propri connazionali e nell'aprile del 1980 il governo tentò di salvare gli ostaggi con la forza. Ma l'operazione fallì e l'opinione pubblica addossò la responsabilità per la mancata liberazione degli ostaggi al presidente Carter che in quel momento raggiunse il picco massimo di impopolarità. La crisi terminò con la liberazione degli ostaggi grazie alla mediazione del governo algerino. L'accordo prevedeva la liberazione degli ostaggi in cambio dello scongelamento dei fondi iraniani depositati presso banche americane e la riaffermazione del principio di non ingerenza (americana) in Iran. Gli ostaggi furono materialmente liberati il 20 gennaio 1981, immediatamente dopo l'insediamento del successore di Carter, il repubblicano Ronald Reagan, alla presidenza degli Stati Uniti.

Cleveland, Stephen Grover

Il presidente democratico viene citato dal Nonno quando Bart racconta in famiglia di essere stato sculacciato da Bush sr, dopo aver distrutto le sue memorie, in *Due pessimi vicini di casa.*

Abraham ricorda che ai suoi tempi i presidenti li sculacciavano «finché le mucche non tornavano nella stalla» (!?) e aggiunge: «Grover Cleveland mi sculacciò in due occasioni non consecutive». La frase, apparentemente assurda, fa riferimento al fatto che Cleveland è, a oggi, l'unico presidente nella storia degli Stati Uniti a essere stato eletto per due mandati non consecutivi, dal 1885 al 1889 e dal 1893 al 1897.

Clinton, Bill

In *Domenica orrenda domenica* parla al telefono con Homer che si trova nello spogliatoio della squadra vincitrice del Superbowl e dice: «Sono il presidente Clinton. La vostra determinazione e la vostra grinta sotto forte pressione sono fonte di ispirazione. Tutto il Paese è fiero di voi». Homer gli risponde: «Era ora». Clinton: «In nome dell'America vorrei ringraziare... (Homer molla la cornetta)... Pronto? Pronto? Ti ordino di rispondere». E, rivolgendosi ad Al Gore, intento a prendere le misure della Stanza Ovale con un metro, forse con la speranza di succedere a Clinton: «Al, ci sono un paio di stagiste là fuori?». Il riferimento allo scandalo Lewinski, la stagista con la quale il presidente Clinton fu accusato di aver fatto sesso nello Studio ovale nel 1995, è chiaro. In *Homer il Max-imo* Clinton balla con Marge che gli chiede: «Signor presidente, è sicuro che è per legge che io debba ballare con lei?». Clinton risponde: «Sai, cambierei quella legge, Marge, ma non posso». Nel frattempo un collaboratore lo avverte che devono andare. «Maledizione devo andare. Be', se capiti nei pressi della Casa Bianca, c'è un capanno degli attrezzi sul retro. Passo lì la maggior parte della giornata». Anche in questo caso è fin troppo scoperto il riferimento alle numerose denunce di molestie sessuali accumulate dal presidente democratico.

Troviamo l'ex presidente anche in *Tra molti, Winchester*, dove Bill Clinton organizza la campagna elettorale di sua moglie Hillary, esattamente come è avvenuto per le elezioni del 2016.

In *L'inventore di Springfield*, infine, i conduttori di un programma comico radiofonico annunciano che il presidente Clinton ha aperto un nuovo sito internet: www."fischio"puntoG.

Ford, Gerald

Alla fine dell'episodio *Due pessimi vicini di casa*, il 38° presidente degli Stati Uniti si trasferisce nella villa accanto a quella di Homer appena lasciata da Bush sr dopo una memorabile lite con il capofamiglia dei Simpson. Al contrario di Bush, Ford appare in sintonia con Homer al quale risulta subito simpatico. Forse anche perché sono stati proprio i numerosi interventi della sua amministrazione in favore dell'occupazione dei giovani svantaggiati a determinare l'assunzione di Homer alla centrale nucleare, come veniamo a sapere dal dialogo tra Burns e Smithers in *Homer definito*. Ford appare anche in *Simpsoncalifragilistichespiralid'ohso*.

Hitler, Adolf

Il dittatore nazista appare più volte. In *Homer il grande* veniamo a sapere che ha fatto parte del club dei Tagliapietre. In *Il 138° episodio spettacolare*, Hitler appare nel cartone di Grattachecca e Fichetto[3] in un'ambientazione molto simile a quella dei cartoni animati prodotti dalla Disney a sostegno dell'impegno militare americano nella seconda guerra mondiale, come *Der Fürher's Face* del 1943.

Si tratta di un cortometraggio animato propagandistico della serie dedicata a Paperino (*Donald Duck*) realizzato nel gennaio 1943. Protagonista è un Paperino che mentre dorme ha un incubo nel quale lavora in una fabbrica di missili della Germania nazista. Una banda musicale composta dai leader dell'Asse, Tojo, Göring e Goebbels ai fiati, Himmler e Mussolini alle percussioni, marciano attraverso una piccola città tedesca, dove tutto è a forma di svastica, inneggiando al nazismo. Passando davanti alla casa di

3 In questo caso Grattachecca e Fichetto, anziché combattere tra loro, si coalizzano e infieriscono sul capo della Germania nazista.

Paperino lo costringono a uscire dal letto, fare il saluto nazista, consumare una spartana colazione "razionata". In fabbrica Paperino è obbligato a confezionare granate e missili di dimensioni diverse mentre il ritmo della catena di montaggio aumenta in modo parossistico. Il papero ha una crisi di nervi, con allucinazioni di proiettili di artiglieria che esplodono da tutte le parti. Quando le allucinazioni finiscono si ritrova nel suo letto, e si rende conto che l'intera esperienza è stata un incubo, ma vede l'ombra di una figura che tiene la mano destra alzata come per un saluto nazista. Comincia a farlo anche lui, finché non si rende conto che è l'ombra di una Statua della Libertà in miniatura. Ricordando che si trova negli Stati Uniti, abbraccia la statua, orgoglioso della sua cittadinanza americana. Il cartone si chiude con l'immagine della faccia di Hitler che viene colpita da un pomodoro, il cui sugo forma infine la scritta «The End».

La canzone cantata da Homer allo stadio in *Schermaglie tra generazioni*, intitolata *Hitler è un fesso*, è ispirata a una vecchia filastrocca per bambini della seconda guerra mondiale.

In *Bart contro l'Australia*, Bart per persuadersi che nell'emisfero Sud l'acqua scorre in senso orario, telefona da qualche parte in America latina (forse il Cile?, come si legge nella bolletta che arriva a Homer). Il telefono squilla in una Mercedes nera (targata Adolf 1) mentre le si sta avvicinando un anziano Hitler con in mano un sacchetto di Cartier il quale, stizzito, non riesce a prendere in tempo la cornetta: «*Ein Minute, ein Minute*. Ach! Sempre rompere questo telefono scassabiglie, *wunderbar*!». Nel frattempo passa un signore in bicicletta che gli fa il saluto nazista in spagnolo: «Buenas noches mein Fürher!».[4]

In *Elementary School Musical*, l'orologio meccanico della torre dell'Aia segna l'ora con un pupazzo che ha le fattezze di un

---

4 Sottile allusione all'espatrio di molti gerarchi nazisti in America Latina dopo la seconda guerra mondiale.

piccolo Hitler preso a bastonate da due gnomi con gli zoccoli mentre fa il saluto nazista.

Kennedy, John Fitzgerald

Oltre ai tanti episodi già citati in cui compare, ricordiamo che il suo assassinio è citato in *Marge in catene*. Un filmato mostrato al processo contro Marge, accusata di taccheggio al Jet Market, è molto simile a quello girato in 8 mm da Abraham Zapruder il 22 novembre 1963, il giorno dell'attentato a John F. Kennedy. Dietro la staccionata che, a parere dei sostenitori del complotto e della partecipazione di altre persone all'attentato oltre a Lee Harvey Oswald, nascondeva altri tiratori, si vede un'acconciatura molto simile a quella di Marge. Peccato che nel 1963 Marge avesse solo 8 anni.

In *La festa delle mazzate*, mentre Bart legge un libro, la puntata di Grattachecca e Fichetto trasmessa in tv rievoca l'uccisione del presunto assassino di Kennedy. Questa volta il gatto e il topo, diretti da Oliver Stone,[5] interpretano Lee Harvey Oswald e Jack Ruby. Si tratta della famosa scena dell'assassinio dell'attentatore a opera di Jack Ruby, resa celebre da un fotogramma che coglie precisamente l'attimo in cui Ruby fa fuoco con una pistola contro Oswald. Naturalmente, in questo caso, il gatto-vittima interpreta Oswald e il topo-killer Ruby.

Kennedy, Ted

Il fratello minore di John e Bob Kennedy viene citato in *Il signor Lisa va a Washington*, in *Il giorno che morì la violenza* e in *Telespalla Bob Roberts*. Nel primo caso è ritratto sullo sfondo

---

5 Ricordiamo *JFK*, il film diretto nel 1991 da Oliver Stone, che ricostruisce le vicende immediatamente precedenti all'assassinio del presidente degli Stati Uniti John F. Kennedy e le successive indagini per opera del procuratore distrettuale di New Orleans Jim Garrison, interpretato nel film da Kevin Costner. Il film mette in dubbio la tesi ufficiale successiva all'indagine della Commissione Warren, la quale stabilì che Lee Harvey Oswald fu il solo esecutore materiale dell'attentato.

mentre Lisa legge il suo tema contro la corruzione della politica a Washington. Kennedy viene rappresentato indignato e sconcertato, esempio di un politico onesto che apprende con disgusto della corruzione di un suo collega. In *Il giorno che morì la violenza* viene citato nella canzone cantata dall'emendamento futuro (per permettere di reprimere i giovani che dimostrano contro l'intervento in Vietnam). Egli, al ragazzino che gli chiede: «E se dicono che non sei all'altezza di far parte della Costituzione?», risponde: «In quel caso schiaccerò tutta l'opposizione e Ted Kennedy la pagherà. Se lui reagirà dirò a tutti che è gay!».

In *Telespalla Bob Roberts* è inoltre citato da Carl che riporta una frase del conduttore radiofonico conservatore e reazionario Birch Barlow il quale lo avrebbe definito «privo di integrità».

Lincoln, Abraham

O meglio: la sua famosa tuba appare in *Bart al futuro* dove Lisa è presidente degli Stati Uniti e il padre Homer si convince che da qualche parte, nella Casa Bianca, è nascosto un tesoro sepolto dal presidente abolizionista. Alla fine Homer trova un baule con dentro una lettera che recita: «Caro compatriota, sei venuto in cerca del mio oro e io non ti deluderò. Il mio oro è nel cuore di tutti gli americani amanti della libertà e nei nostri grandi fiumi, le nostre maestose...». Si tratta di concetti espressi spesso tramite una metafora nei discorsi di Lincoln. Lincoln presta poi il suo cappello alla madre di Eliza Simpson per nascondere i capelli nella fuga verso il Canada con lo schiavo Virgil in *Il colore giallo*. Compare in forma di statua, quella che troneggia dentro il *Lincoln Memorial*,[6] in *Il signor Lisa va a Wasinghton*. Appare poi ogni qualvolta viene citato Mount Rushmore.

---

6 Il *Lincoln Memorial* è un monumento costruito in onore del presidente abolizionista e che sorge nel *National Mall* di Washington. Si tratta di un edificio a forma di tempio dorico al centro del quale troneggia un'enorme statua che raffigura Lincoln seduto. Esso fu inaugurato il 30 maggio 1922.

McKinley, William

In una puntata c'è posto anche per il 25° presidente degli Stati Uniti, assassinato nel settembre del 1901, durante il suo secondo mandato, da un anarchico di origini polacche. Quando Abraham Simpson (in *Caro vecchio denaro*) riceve in eredità da una sua fidanzata, Beatrice Simmons, 106.000 dollari, per prima cosa compra al negozio di cimeli militari di Herman un copricapo che sarebbe appartenuto a Napoleone. Lascia quindi in negozio il suo cappello che Herman mette prontamente in vetrina con un cartellino che recita «Cappello indossato da McKinley quando fu assassinato a colpi di pistola».

Mussolini, Benito

O meglio: la sua rappresentazione parodistica da parte di Homer appare in *Bob l'italiano*, un episodio ricco di stereotipi sul Belpaese: la torre di Pisa, Pompei, il cibo, i borghi toscani. Quando il nuovo sindaco del borgo toscano *Salsiccia*, che altri non è se non Telespalla Bob, presenta i suoi concittadini alla cittadinanza, Homer affacciato dal balcone del municipio comincia a fare delle smorfie che ricordano molto quelle di Mussolini durante i suoi comizi. Prontamente rimproverato da Lisa («Papà, non fare così, sembri Mussolini»), Homer risponde: «Ah, pensavo di fare Donald Trump».

Mussolini compare anche in *La festa delle mazzate*, seduto vicino a Hitler nel cabaret dove sta per esibirsi Abraham, travestito da sciantosa per sfuggire alla cattura dopo essere stato paracadutato su Düsseldorf.

Roosevelt, Franklin Delano

In *Le incompatibilità elettive* Lisa, costretta a rimanere all'interno della scuola dopo che il cortile è stato distrutto da una violenta tempesta, si ritrova a fuggire dai soliti scherzi di Bart nascondendosi in biblioteca. Qui s'imbatte in una nuova studentessa di nome Isabel molto intelligente, al pari di lei. Le due diventano ottime amiche e poiché Isabel sta preparando un tema su Franklin

Delano Roosevelt, un vero e proprio “idolo” per Lisa, decidono di fare il tema insieme. Ma quando lo espongono, mentre Lisa loda il presidente democratico, Isabel lo critica aspramente:

> Lisa: Franklin Roosevelt ha coraggiosamente introdotto delle riforme chiamate New Deal.
> Isabel: Che andavano nettamente contro la tradizione americana di governo limitato ed erano anche incostituzionali.[7]
> Lisa: Roosevelt con la sua decisa leadership ha anche aiutato l'America a vincere la guerra.
> Isabel: Ma quegli indecisi dei Democratici ci hanno traditi a Yalta. Se non l'hai capito, Lisa, sono repubblicana.
> Lisa: Repubblicana di Lincoln.
> Isabel: Non proprio.
> Lisa: Repubblicana di Reagan.
> Isabel: Continua.
> Lisa: Primo presidente Bush.
> Isabel: Ci sei quasi.
> Lisa: Ci sono quasi…

Quindi è «repubblicana di George W. Bush»!

Quella notte Lisa sogna di entrare nel Pantheon del Partito democratico. Alcuni striscioni riportano gli slogan e i concetti chiave di alcune tra le più importanti presidenze democratiche: i 14 punti (di Wodrow Wilson); la Grande società (di Lyndon B. Johnson); il *New Deal* e le Quattro libertà (di Franklin D. Roosevelt); la Nuova frontiera (di John F. Kennedy). Ma le appaiono gli “spiriti” di Walter Mondale, Michael Dukakis, John

---

7 Ricordiamo che alla fine degli anni Ottanta i reaganiani volevano tornare agli Stati Uniti pre New Deal, non ancora corrotti a loro parere da una cultura di governo interventista e dallo Stato sociale. La parola d'ordine degli ultra-conservatori del 1994 era «back to 1900» e cioè proprio ai tempi dell'altro Roosevelt, Theodore. Si veda A. Testi, “Il passato in pubblico”, cit., p. 32.

Kerry, tutti candidati perdenti. Alla fine compare Clinton, che le dice: «Purtroppo tu non sei come me: suoni il sax, vieni dalla provincia, sei cresciuta senza domestica». E continua: «Ti appaio in questo sogno per parlarti della Iniziativa globale Clinton.[8] La nostra missione è trasformare le idee in azione». Entrambe le bambine si candidano alle elezioni per la carica di rappresentante di classe. La competizione si concluderà con la vittoria di Isabel, dopo che Lisa ha rifiutato di far ricorso all'aiuto di Bart e ai suoi mezzi scorretti per vincere.

Roosevelt, Theodore

Nell'episodio *La facciata* veniamo a sapere che Abe avrebbe addirittura attentato alla vita di Teddy, come lo chiama lui. Nel corso della premiazione di una sua sceneggiatura di un episodio di Grattachecca e Fichetto, infatti, dice: «Grazie per questo premio. Fa onore a questo grande Paese il fatto che un uomo, pur avendo attentato alla vita di Teddy Roosevelt, abbia ancora la vostra fiducia».

È poi assoluto protagonista in *Bart smette di annusare le Roosevelt*. Stanco di subire rimproveri dal sovrintendente Chalmers a causa delle continue marachelle di Bart, il direttore Skinner sfida il suo superiore ad assumersi la responsabilità di educarlo: avrà così modo di capire quanto sia difficile gestire Bart.

Chalmers accetta la sfida e cerca di fare entusiasmare Bart alla storia americana. Innanzitutto gli mostra le foto dei presidenti e gli chiede se li riconosce. Bart ne indica alcuni: «Quello che sta su

---

8 Dal 2005, in concomitanza con l'assemblea generale delle Nazioni Unite, la Fondazione Clinton – fondata dall'ex presidente statunitense Bill Clinton – organizza la *Clinton Global Initiative*. All'incontro partecipano leader mondiali, premi Nobel, amministratori delegati di grandi aziende, organizzazioni non profit, filantropi e giornalisti che si confrontano sulle grandi sfide a livello globale. Il 28 settembre 2015 anche il presidente del Consiglio italiano, Matteo Renzi, è intervenuto a New York alla *Clinton Global Initiative*.

un dollaro (Washington); quello che sta sui cinque dollari (Lincoln); quello del sesso (Clinton); Will Ferrell (George W. Bush);[9] un nero (Obama)». Allo sconfortato Chalmers cade lo sguardo su Theodore Roosevelt e si illumina. Si convince che la figura del "presidente cowboy" possa far presa sull'entusiasmo di Bart e comincia a raccontargliene le gesta. Facendo una ricerca su internet Bart scopre che in effetti questo presidente era proprio "fico": «Non l'ho mai detto prima. Ma vorrei saperne di più». Si entusiasma ancora di più quando legge che Roosevelt «ha ucciso più spagnoli in un giorno di quanti la gente ne uccide in una vita» (il riferimento è alla guerra americano-spagnola del 1898 in cui Roosevelt, come abbiamo visto, ebbe una parte importante). Narrando le gesta del "presidente cowboy", Chalmers "educa" Bart alla vita all'aria aperta, a cavallo, in mezzo ai boschi, proprio come amava fare Roosevelt.

Questi, infatti, ultimo dei cinque figli di Theodore Roosevelt sr, era di costituzione gracile e di salute cagionevole. Il padre quindi lo esortò a "costruirsi" un fisico più forte. Fu così che, grazie a una grande forza di volontà, che caratterizzò tutta la sua attività politica, riuscì a irrobustire la sua corporatura allenandosi nel sollevamento pesi, nella corsa e in altre attività fisiche.

Bart comincia a citare frasi di Roosevelt come: «Un uomo abbastanza buono per dare il suo sangue alla patria è buono per meritare un buon trattamento dopo». Lisa invece è convinta che il più grande Roosevelt sia stato Franklin Delano, che ha guidato gli Stati Uniti attraverso la grande depressione e fuori dalla seconda guerra mondiale (ed è sulla moneta da 10 centesimi!). Bart

---

9 Will Ferrell è un attore comico e produttore cinematografico statunitense. Fa parte del gruppo informale di attori che la stampa cinematografica chiama Frat Pack e di cui fanno parte, tra gli altri, Owen Wilson e Ben Stiller. Loro comune denominatore è la partecipazione a commedie di stile comico demenziale: chiaro il sarcasmo rivolto alla figura di George W. Bush.

ribatte che Teddy ha salvato la fauna americana, ha una faccia su una montagna e che ha scardinato i monopoli.[10]

In effetti Theodore Roosevelt fu un "repubblicano progressista", convinto della necessità di spezzettare le aziende diventate troppo grandi e potenti, tanto da passare alla storia con il soprannome di *trust buster*, "demolitore di monopoli". Fece causa al colosso petrolifero *Standard Oil*, che all'inizio del Novecento era arrivata a controllare oltre il 90 per cento della produzione di petrolio negli USA. La Corte Suprema nel 1911 confermò che *Standard Oil* era diventato un «monopolio irragionevole» e lo costrinse a dividersi in 33 aziende più piccole. Roosevelt si intestò una quarantina di cause anti-trust, vincendo fra l'altro anche quella contro la *Northern Securities Company*, una compagnia finanziata dal banchiere J. P. Morgan e condannata allo scioglimento per aver cercato di monopolizzare il traffico ferroviario.

Per mettere pace tra i due nipoti, Abraham Simpson dice che ha odiato entrambi e tutte le dinastie famigliari: i Kennedy, i Bush ecc.

Vestito da Teddy Roosevelt, Bart rievoca la creazione dei *Rough Riders* e la loro vittoria nella battaglia di San Juan, decisiva nella sconfitta dell'esercito spagnolo a Cuba.

Anche i bulli della scuola si appassionano alla figura di Roosevelt e decidono di passare insieme a Chalmers una notte nella foresta di Springfield, che sarebbe stata visitata da Roosevelt, alla ricerca dei suoi famosi "stringinaso". Li trova Nelson che però precipita da una scarpata, rompendosi un braccio. Il sovrintendente viene ritenuto responsabile e licenziato. Decisi a far riavere a Chalmers il suo lavoro, Bart e i suoi amici creano la "fratellanza degli occhiali" (riferimento alla appartenenza alla massoneria di Roosevelt). Si barricano quindi nella scuola elementare e ne

---

[10] Si veda Maria Teresa Cometto, "Quando Teddy fece a pezzi Rockfeller", *Corriere della sera*, 8 luglio 2013.

prendono il controllo. La polizia interviene e si prepara a sgomberare con la forza l'edificio. Chalmers cerca allora di convincere i ragazzi alla resa ma, prima che ne abbia il tempo, il commissario Winchester spara accidentalmente al supervisore statale dell'istruzione, il quale pur di essere soccorso reintegra immediatamente Chalmers al suo posto.

Truman, Harry

Il nome di Truman appare in una citazione della celebre prima pagina che lo dava per battuto dallo sfidante Dewey alle elezioni del 1948. I sondaggisti avevano previsto l'elezione di Dewey, sopravvalutando la candidatura di due democratici dissidenti. Il *Chicago Daily Tribune*, il 3 novembre, annunciò la vittoria di Dewey andando in stampa prima che lo spoglio fosse concluso. In realtà, Truman sconfisse il candidato repubblicano con il 49,5 per cento dei voti contro il 45 per cento di Dewey. I due candidati democratici dissidenti ottennero appena un 2,5 per cento a testa. Quando in *Il supplente di Lisa*, Martin vince le elezioni per la carica di capoclasse contro lo sfidante Bart, viene ritratto con in mano una prematura copia del *Daily Fourth Gradian* in cui si può leggere «Simpson batte Prince».

Nei *Simpson* c'è poi spazio anche per i presidenti americani meno noti. In *Io amo Lisa*, viene cantata una canzone che recita: «Siamo noi mediocri presidenti / L'effigie nostra non vedrai su dollari e attinenti! / C'è Taylor, c'è Tyler, c'è Filmore e c'è Hayes! / C'è William Henry Harrison coi "Trenta giorni miei!"[11] / Noi siamo gli adeguati, indimenticati, talvolta deplorevoli presidenti custodi degli USA!».

Ma nei *Simpson* ci sono anche dei presidenti immaginari. In *Bart al futuro* la stessa Lisa sarà nel 2030 la prima presidente

---

11 Harrison è il presidente il cui mandato è stato il più corto nella storia degli Stati Uniti. Insediatosi il 4 marzo 1841, morì esattamente un mese dopo, il 4 di aprile.

donna degli Stati Uniti; il suo segretario è Milhouse Van Houten e la sua amministrazione è focalizzata su tre obiettivi: leggere, scrivere e ripopolare l'Oceano.12 Questa profezia viene fatta a Bart dal capo indiano gestore di un casinò nella cui sala da gioco Bart si è furtivamente intrufolato nonostante il divieto imposto ai minori.

Lenny indossa la fascia di presidente degli USA in un immaginario funerale di Homer in *L'inventore di Springfield*, quando Homer pensa di aver sprecato la sua vita e immagina che prima della sua sepoltura un sacerdote (Ned) dirà: «Homer non era un grande uomo e nemmeno un uomo mediocre e di sicuro non ha mai realizzato niente nella vita». E subito dopo il suo cadavere viene scaricato insieme alla terra in una semplice fossa priva di lapide.

[12] Purtroppo ha ereditato una fortissima riduzione del budget dal "presidente Trump". Vale la pena ricordare che Trump è il candidato repubblicano alle elezioni presidenziali dell'8 novembre 2016.

Elenco degli episodi citati nel libro

Legenda:
Titolo in italiano (stagione/numero episodio) Codice episodio
TO: *Titolo originale*
S: Sceneggiatore
PT USA: Prima trasmissione negli Stati Uniti
PT ITA: Prima trasmissione in Italia
FL: Frase scritta da Bart alla lavagna
CG: *Couch gag*
RC: Riferimenti e curiosità

Bart, il genio (I/2) 7G02
TO: *Bart, the Genius*
S: Jon Vitti
PT USA: 14 gennaio 1990
PT ITA: 1° ottobre 1991
FL: «Non disegnerò donne nude in classe» (nella v. o. «I will not waist chalk»[13]).

CG: Il divano è troppo stretto, Bart ne viene scalzato fuori, esce dall'inquadratura e poco dopo cade a terra davanti alla tv.

RC: Nella scena iniziale Maggie compone con i cubi giocattolo la parola EMCSQU, ovvero la celebre equazione $E = mc^2$ di Albert Einstein. Einstein viene poi erroneamente citato da Homer come inventore della lampadina.

Nella sala di arte della nuova scuola per geni frequentata da Bart si sente in sottofondo un brano dalle *Quattro stagioni* di Vivaldi.

La parola inventata da Bart per finire la partita a scarabeo è «Kwyjibo», secondo lui è «uno stupido scimmione pelato del

13 Non sprecherò il gesso.

Nord America senza mento e con un pessimo carattere» (ovvio riferimento a Homer). È stato di ispirazione per il nome di un virus digitale e per una rivista di cultura popolare.

Bart il grande (I/5) 7G05
TO: *Bart the General*
S: John Swartzwelder
PT USA: 4 febbraio 1990
PT ITA: 29 novembre 1991
FL: Assente
CG: Assente
RC: Mentre Bart addestra il suo battaglione, la truppa urla il motivo tratto dal film *Patton, generale d'acciaio*.

Lisa sogna il blues (I/6) 7G06
TO: *Moaning Lisa*
S: Al Jean e Mike Reiss
PT USA: 11 febbraio 1990
PT ITA: 8 ottobre 1991
FL: «Non fomenterò la rivolta».
CG: Il divano è troppo stretto, Maggie viene fatta schizzare per aria e subito dopo ripresa da Marge.
RC: Il personaggio di Gengive Sanguinanti Murphy è ispirato al sassofonista jazz Leroi Moore della Dave Matthews Band.

La testa parlante (I/8) 7G07
TO: *The Telltale Head*
S: Al Jean, Mike Reiss, Sam Simon e Matt Groening
PT USA: 25 febbraio 1990
PT ITA: 22 ottobre 1991
FL: «Non ho mai visto il fantasma di Elvis» (la traduzione corretta è «Non ho visto Elvis», riferita alla leggenda metropolitana secondo cui Elvis Presley è ancora vivo).
CG: Il divano è troppo stretto, Bart viene fatto schizzare per aria e subito dopo ricade davanti al televisore.

RC: C'è un omaggio a *The Godfather* di Francis Ford Coppola (*Il padrino*, 1972) nella scena in cui Bart, quando si sveglia la mattino, trova nel suo letto la testa della statua di Jebediah Springfield.

Crêpes alle crêpes, vino al vino (I/11) 7G13
TO: *The Crêpes of Wrath*
S: George Meyer, Sam Simon, John Swartzwelder e Jon Vitti
PT USA: 15 aprile 1990
PT ITA: 29 dicembre 1991
FL: «La gomma all'aglio non è un bello scherzo».
CG: Il divano è troppo stretto, così Homer, che è troppo grasso, si ritrova per terra.
RC: Il nome dello studente albanese Kavil Hoxha riecheggia il nome del dittatore comunista Enver Hoxha (1908-85).
Il titolo è una parodia di *The Grapes of Wrath* (tradotto in italiano con *Furore*) di John Steinbeck.

Krusty va al fresco (I/12) 7G12
TO: *Krusty Gets Busted*
S: Jay Kogen e Wallace Wolodarsky
PT USA: 29 aprile 1990
PT ITA: 26 novembre 1991
FL: «Loro ridono di me, non con me».
CG: Il divano è troppo stretto, e Maggie viene "sparata" in aria, venendo presa da Marge.
RC: Una volta scoperta la sua macchinazione, Telespalla Bob afferma che per leggere la *Springfield Review of Books* (parodia delle varie *Review of Books* americane e inglesi) non è necessario saper leggere.

Bart rischia grosso (II/1) 7F03
TO: *Bart Gets an F*
S: David M. Stern
PT USA: 11 ottobre 1990

PT ITA: 5 gennaio 1992

FL: «Non incoraggerò gli altri a volare».

CG: Il divano sprofonda nel pavimento perché la famiglia è troppo pesante.

RC: Bart a scuola deve fare una presentazione della sua lettura di *Tresure Island* (1883, *L'isola del tesoro*) di Robert Louis Stevenson.

Caro vecchio denaro (II/17) 7F17

TO: *Old Money*

S: Jay Kogen e Wallace Wolodarsky

PT USA: 28 marzo 1991

PT ITA: 7 febbraio 1993

FL: «Non ungerò le sbarre del castello da gioco».

CG: Nonno Abe sta dormendo sul divano e viene svegliato dall'arrivo della famiglia.

RC: Nella versione italiana Nonno Abe canticchia *Torpedo blu* di Giorgio Gaber; ancora Nonno Abe cita alcuni versi, leggermente storpiati, di *If* (*Se*) di Rudyard Kipling.

Ci sono molti riferimenti cinematografici: *Tom Jones* (film del 1963 tratto dall'omonimo romanzo di Henry Fielding); *If I Had a Million* (*Se avessi un milione*, film del 1932, diretto da registi vari, tra cui Ernst Lubitsch); *Star Wars* e *Batman*.

Il supplente di Lisa (II/19) 7F19

TO: *Lisa's Substitute*

S: Jon Vitti

PT USA: 25 aprile 1991

PT ITA: 22 dicembre 1991

FL: Assente

CG: Il divano è sparito.

RC: L'episodio, con un Dustin Hoffman nei panni del supplente mister Bergstrom, cita il film, girato da Mike Nichols e interpretato dallo stesso Hoffman, *The Graduate* (*Il laureato*, 1967), tratto dall'omonimo romanzo di Charles Webb.

C'è il riferimento a una foto del futuro presidente Harry Truman con in mano la copia di un'anteprima del *Chicago Tribune* che, nel 1948, proclamava la vittoria di Thomas E. Dewey contro lo stesso Truman che invece poi vinse.

Il signor Lisa va a Washington (III/2) 8F01
TO: *Mr. Lisa Goes to Washington*
S: George Meyer
PT USA: 26 settembre 1991
PT ITA: 17 ottobre 1993
FL: «Uno sputo non è libertà d'espressione».
CG: Il divano è sparito.
RC: Günter Beck, lettore di Lingua e Letteratura tedesca all'Università di Haifa in Israele, ha paragonato l'atteggiamento di Lisa in questo episodio al pensiero del poeta e pensatore Henry David Thoreau (1817-62). Beck afferma che Lisa assume la stessa posizione critica di Thoreau contro l'indifferenza verso la politica, a sostegno dell'esercizio attivo della cittadinanza.

Io amo Lisa (IV/15) 9F13
TO: *I Love Lisa*
S: Frank Mula
PT USA: 11 febbraio 1993
PT ITA: 9 ottobre 1994
FL: «Non chiamerò il direttore "Testa di rapa"».
CG: La famiglia si trova a danzare fra gli elefanti e gli acrobati del circo.
RC: Vi è un riferimento a *Terminator 2: Judgment Day* (Terminator 2: il giorno del giudizio, diretto da James Cameron, 1991).

Niente birra per Homer (IV/16) 9F14
TO: *Duffless*
S: David M. Stern
PT USA: 18 febbraio 1993
PT ITA: 16 ottobre 1994

FL: «I pesci rossi non rimbalzano».

CG: La famiglia entra di corsa in scena, mentre Maggie è già seduta sul divano; esce quindi dall'inquadratura per tornare nel fotogramma del divano.

RC: Nella scena finale, Homer e Marge si allontanano in bicicletta sulle note di *Raindrops Keep Fallin' on My Head* (*Gocce di pioggia su di me*, composta da Burt Bacharach), chiaro riferimento al film *Butch Cassidy and the Sundance Kid*, diretto da George Roy Hill (1969).

La facciata (IV/19) 9F16
TO: *The Front*
S: Adam I. Lapidus
PT USA: 15 aprile 1993
PT ITA: 30 ottobre 1994
FL: «Non venderò cure miracolose».

CG: La famiglia si mette a ballare, formando un numero da circo.

RC: Il titolo dell'episodio è un riferimento all'omonimo film (*The Front*, *Il prestanome*, 1976), diretto da Martin Ritt e interpretato tra gli altri da Woddy Allen. Il soggetto, che narra le vicende dei registi e dei produttori finiti sulla blacklist come simpatizzanti comunisti negli anni Cinquanta, è di Walter Bernstein, celebre sceneggiatore e produttore incluso a sua volta nella *blacklist*.

Viene citato il film *Little Shop of Horrors* (*La piccola bottega degli orrori*, diretto da Frank Oz nel 1986, a sua volta *remake* dell'originale del 1960).

La festa delle mazzate (IV/20) 9F18
TO: *Whacking Day*
S: Jim Reardon
PT USA: 29 aprile 1993
PT ITA: 13 novembre 1994
FL: «Restituirò il cane guida».

CG: La famiglia arriva in salotto, ma il divano viene sostituito da una piccola sedia di legno sulla quale si ammassa tutta la famiglia.

RC: Si sente la canzone di Natale *O Tannenbaum*.

Marge in catene (IV/21) 9F20
TO: *Marge in Chains*
S: Bill Oakley e Josh Weinstein
PT USA: 6 maggio 1993
PT ITA: 27 novembre 1994
FL: «Non godo dell'immunità diplomatica. Accidenti!».
CG: I membri della famiglia, microscopici, scalano e poi si sistemano su un divano di dimensioni normali.
RC: Viene citato *Psycho* (1960) di Alfred Hitchcock.

L'orsetto del cuore (V/4) 1F01
TO: *Rosebud*
S: Wesley Archer
PT USA: 21 ottobre 1993
PT ITA: 29 gennaio 1995
FL: Assente
CG: La famiglia corre, ma trova già sedute sul divano una serie di copie di ogni componente.
RC: Il titolo è un chiaro riferimento a *Citizen Kane* (*Quarto potere*, diretto da Orson Welles nel 1941). Ospite dell'episodio la rock band Ramones.

Svariati sono anche altri riferimenti cinematografici: *The Wizard of Oz* (*Il mago di Oz*, diretto da Victor Fleming nel 1939); *Planet of the Apes* (*Il pianeta delle scimmie*, diretto nel 1968 da Franklin J. Schaffner); la serie dei *Mission: Impossible*.

Homer nello spazio profondo (V/15) 1F13
TO: *Deep Space Homer*
S: David Mirkin
PT USA: 24 febbraio 1994

PT ITA: 28 maggio 1995
FL: Assente
CG: La famiglia corre verso il divano, ma vi trova già seduto un signore obeso; allora si strizzano accanto a lui.
RC: Vi è una parodia di *Alien* (diretto da Ridley Scott, 1979) e l'intera puntata è ispirata a *2001: A Space Odyssey* (*2001: Odissea nello spazio*, diretto da Stanley Kubrick, 1968).

Telespalla Bob Roberts (VI/5) 2F02
TO: *Sideshow Bob Roberts*
S: John Swartzwelder
PT USA: 9 ottobre 1994
PT ITA: 23 dicembre 1995
FL: Assente
CG: Assente
RC: Molti i riferimenti cinematografici: *All the President's Men* (*Tutti gli uomini del presidente*, di Alan Pakula, 1976); *A Few Good Men* (di Rob Reiner, in italiano *Codice d'onore*); il titolo dell'episodio e alcuni elementi della trama si riferiscono al film di Tim Robbins del 1992 *Bob Roberts*.

Homer il grande (VI/12) 2F09
TO: *Homer the Great*
S: John Swartzwelder
PT USA: 8 gennaio 1995
PT ITA:3 febbraio 1996
FL: «Aggiungere "stavo scherzando" non giustifica insultare il direttore».
CG: Il salotto è una riproduzione di *Relativity* di Escher.
RC: Vi sono riferimenti cinematografici a *Indiana Jones and the Raiders of the Lost Ark* (*Indiana Jones e i predatori dell'arca perduta*, Steven Spielberg, 1981) e *L'ultimo imperatore*, diretto da Bernardo Bertolucci nel 1987.
Ci sono inoltre vari riferimenti alla massoneria.

La cometa di Bart (VI/14) 2F11
TO: *Bart's Comet*
S: John Swartzwelder
PT USA: 5 febbraio 1995
PT ITA: 6 gennaio 1996
FL: «Scrivere in corsivo non significa scrivere correndo».
CG: I Simpson sono animati con una grafica da Fleischer Studios.
RC: L'episodio richiama *Back to the Future* (*Ritorno al futuro*, di Robert Zemeckis, 1985).
Quando la cometa si sta avvicinando a Springfield gli abitanti cantano *Que Sera Sera*, canzone interpretata da Doris Day per il film di Alfred Hitchcock *The Man Who Knew Too Much* (*L'uomo che sapeva troppo*, 1956).

Bart contro l'Australia (VI/16) 2F13
TO: *Bart vs Australia*
S: Bill Oakley e Josh Weinstein
PT USA: 19 febbraio 1995
PT ITA: 25 novembre 1995
FL: «Non appenderò ciambelle sulla mia persona».
CG: Il pavimento del salotto è allagato e i Simpson sono costretti a nuotare per raggiungere il divano.
RC: Vengono citati i film *Crocodile Dundee* (1986, di Peter Faiman) e *Mad Max 2: The Road Warrior* (Mad Max 2: *Il guerriero della strada*, 1981, di George Miller).

Il consiglio professori-genitori si scioglie (VI/21) 2F19
TO: *The PTA Disbands!*
S: Jennifer Crittenden
PT USA: 16 aprile 1995
PT ITA: 9 marzo 1996
FL: «Non ho alcuna patria potestà sugli alunni della prima elementare».

CG: I Simpson giungono al divano da diverse direzioni, in un salotto che è una riproduzione di *Relativity* di Escher.

RC: Vengono citati i libri *I versi satanici* di Salman Rushdie (1988) e *L'origine delle specie* di Charles Darwin (1858).

Limone di Troia (VI/22) 2F22
TO: *Lemon of Troy*
S: Jim Reardon
PT USA: 14 maggio 1995
PT ITA: 13 aprile 1996
FL: «Il primo emendamento non include i rutti».
CG: Il salotto è in bianco e nero; i Simpson arrivano, simili a personaggi dei cartoni animati degli anni Trenta, in una danza piuttosto rigida.
RC: Tutta la puntata è un riferimento all'inganno perpetrato da Ulisse ai danni dei troiani.

Chi ha sparato al signor Burns? Prima parte (VI/25) 2F16
TO: *Who Shot Mr. Burns? (Part One)*
S: Bill Oakley e Josh Weinstein
PT USA: 21 maggio 1995
PT ITA: 23 marzo 1996
FL: «Questo non è un indizio... Oppure sì?».
CG: I Simpson corrono al divano, oltrepassandolo, omaggio alle gag dei cartoni di Hannah e Barbera.
RC: Il titolo dell'episodio è ispirato a una puntata della serie *Dallas* dal titolo *Chi ha sparato a J.R.?*

Chi ha sparato al signor Burns? Seconda parte (VII/1) 2F20
TO: *Who Shot Mr. Burns? (Part Two)*
S: Bill Oakley e Josh Weinstein
PT USA: 17 settembre 1995
PT ITA: 30 marzo 1996
FL: «Non protesterò contro la soluzione quando la conoscerò».

CG: I Simpson entrano, al posto del divano è presente un quadro che serve a fotografare le persone arrestate dalla polizia.

RC: Viene fatta una parodia di *Basic Instinct* (di Paul Verhoeven, 1992). Vi è un riferimento a *I segreti di Twin Peaks*, quando Lisa e il commissario Winchester dialogano con il Nano.

Mamma Simpson (VII/8) 3F06
TO: *Mother Simpson*
S: Richard Appel
PT USA: 19 novembre 1995
PT ITA: 11 maggio 1996
FL: Assente
CG: Il divano ha il dispositivo che risistema i birilli nelle piste da bowling: il gatto viene spostato e i Simpson vengono sistemati sul divano.

RC: In questo episodio moltissimi sono i riferimenti musicali: *Sunshine of Your Love* (1967) dei Cream; *Blowin' in the Wind* (1963) e *All along the Watchtower* (1968), di Bob Dylan; quest'ultima nella cover di Jimi Hendrix; e *Waterloo* (1974) degli ABBA.

L'ultimo sfavillio di Telespalla Bob (VII/9) 3F08
TO: *Sideshow Bob's Last Gleaming*
S: Spike Feresten
PT USA: 26 novembre 1995
PT ITA: 25 maggio 1996
FL: «Le mutandate non sono salutari né per i bambini né per altre cose viventi».

CG: I Simpson in versione rane acquatiche nuotano verso una conchiglia sistemata al posto del divano e, invece della tv, guardano una cassa del tesoro.

RC: Vi sono molti riferimenti a *Dr. Strangelove* (*Il dottor Stranamore*, Stanley Kubrick, 1964).

Viene fatta la parodia a una controversa pubblicità nella campagna elettorale del 1964 del presidente Lyndon B. Johnson: si tratta di *Daisy* (anche chiamata *Daisy Girl* o *Peace, Little Girl*), uno spot pacifista e antinucleare in cui una bambina si trova in un prato fiorito a contare; arrivata a dieci, inzia una sorta di conto alla rovescia che innesca un'esplosione nucleare.

Il 138º episodio spettacolare (VII/10) 3F31
TO: *The Simpsons 138th Episode Spectacular*
S: Penny Wise
PT USA: 3 dicembre 1995
PT ITA: 13 settembre 1998
FL: «Farò questa cosa soltanto una volta l'anno».
CG: Un montaggio di svariate *couch gag* precedenti.
RC: Viene fatta una parodia del film *Casino Royale* (1967, autori vari), della serie con protagonista James Bond.
Smithers sogna che Marilyn Monroe gli canti la canzone di buon compleanno come fece con John F. Kennedy.

Due pessimi vicini di casa (VII/13) 3F09
TO: *Two Bad Neighbours*
S: Ken Keeler
PT USA: 14 gennaio 1996
PT ITA: 1° giugno 1996
FL: Assente
CG: Assente
RC: Quando i Bush, esasperati, se ne vanno, Homer diventa subito amico del nuovo vicino di casa: Gerald Ford.

Lisa l'iconoclasta (VII/16) 3F13
TO: *Lisa the Iconoclast*
S: Jonathan Collier
PT USA: 18 febbraio 1996
PT ITA: 29 giugno 1996
FL: Assente
CG: La famiglia è ritratta in riquadri, come nel quiz *Il gioco dei 9*, e in quello centrale c'è il salotto; tutti raggiungono il divano, tranne il nonno che rimane a dormire nel suo riquadro.

RC: Sono presenti alcuni riferimenti cinematografici: *Lethal Weapon* (*Arma letale*, 1987, di Richard Donner) e *The Man Who Shot Liberty Valance* (*L'uomo che uccise Liberty Valance*, di John Ford, 1962).

Il giorno che morì la violenza (VII/18) 3F16
TO: *The Day the Violence Died*
S: John Swartzwelder
PT USA: 17 marzo 1996
PT ITA: 11 agosto 1996
FL: Assente
CG: I Simpson, seduti sul divano tratteggiati solo in bianco e nero, vengono colorati da dei bracci meccanici.
RC: In tutto l'episodio viene data un'immagine caricaturale del presidente Theodore Roosevelt.

L'infuriato Abe Simpson e suo nipote brontolone in "La maledizione del pescediavolo battagliero" (VII/22) 3F19
TO: *Raging Abe Simpson and His Grumbling Grandson in "The Curse of the Flying Hellfish"*
S: Jonathan Collier
PT USA: 28 aprile 1996
PT ITA: 19 febbraio 1998
FL: Assente
CG: Dopo essersi seduto sul divano, Homer alza un tappo nel pavimento e tutto viene risucchiato al suo interno.
RC: L'attacco del Pescediavolo Battagliero al castello è un riferimento all'attacco al castello di *The Dirty Dozen* (*Quella sporca dozzina*, diretto da Robert Aldrich nel 1967).

Tanto Apu per niente (VII/23) 3F20
TO: *Much Apu about Nothing*
S: David S. Cohen
PT USA: 5 maggio 1996
PT ITA: 23 febbraio 1998

FL: Assente

CG: I Simpson sono trofei imbalsamati di un cacciatore che entra nel salotto, si siede sul divano e si mette a fumare una pipa.

RC: Il titolo richiama *Much Ado about Nothing* (1632, *Tanto rumore per nulla*) di William Shakespeare.

La fobia di Homer (VIII/15) 4F11

TO: *Homer's Phobia*

S: Ron Hauge

PT USA: 16 febbraio 1997

PT ITA: 11 marzo 199

FL: Assente

CG: Qualcuno sta cercando di scaricare l'intera famiglia da internet, ma il download è troppo lento e viene cancellato.

RC: La canzone *Gonna Make You Sweat (Everybody Dance Now)* della C+C Music Factory si sente in due diversi momenti dell'episodio: quando l'acciaieria si trasforma in una discoteca, poi sui titoli di coda.

La mia sorella babysitter (VIII/17) 4F13

TO: *My Sister, My Sitter*

S: Dan Greaney

PT USA: 2 marzo 1997

PT ITA: 13 marzo 1998

FL: Assente

CG: La tv e il divano sono in barca, in balia di un mare in tempesta. I Simpson, vestiti con cerate gialle, si siedono sul divano, ma un'onda enorme investe e fa affondare la barca; alla fine il mare restituisce solo il televisore.

RC: La catena di ristoranti in franchising Planet Hollywood è parodiata nel ristorante Planet Hype, costruito sul lungomare di Springfield.

Homer contro il 18° emendamento (VIII/18) 4F15

TO: *Homer vs the Eighteenth Amendment*

S: John Swartzwelder
PT USA: 16 marzo 1997
PT ITA: 5 maggio 1998
FL: Assente
CG: I Simpson entrano in scena vestiti da cowboy, si siedono sul divano, che inizia a galoppare verso una tipica ambientazione western.
RC: La scena della tavola calda è un omaggio alla tela di Edward Hopper *Nighthawks* (*I nottambuli*, 1942).

La città di New York contro Homer (IX/1) 4F22
TO: *The City of New York vs Homer*
S: Ian Maxtone-Graham
PT USA: 21 settembre 1997
PT ITA: 28 aprile 1999
FL: Assente
CG: I Simpson, con le maglie della squadra di basket degli Harlem Globetrotters, giocano sopra il divano e alla fine Maggie realizza una schiacciata. La palla colpisce in testa Homer.
RC: L'episodio, andato in onda quattro anni prima dell'attentato dell'11 settembre, mostra in alcune inquadrature di New York dall'alto la città priva delle Twin Towers. Per questo motivo, *La città di New York contro Homer* è stato ritirato dalla messa in onda in diversi stati.

Il direttore e il povero (IX/2) 4F23
TO: *The Principal and the Pauper*
S: Ken Keeler
PT USA: 28 settembre 1997
PT ITA: 15 aprile 1999
FL: Assente
CG: I Simpson sono vestiti come degli astronauti e, appena si siedono sul divano, questo parte per lo spazio.

RC: Il titolo è un chiaro omaggio a *The Prince and the Pauper* (*Il principe e il povero*), romanzo pubblicato da Mark Twain nel 1881.

La famiglia Cartridge (IX/5) 5F01
TO: *The Cartridge Family*
S: John Swartzwelder
PT USA: 2 novembre 1997
PT ITA: 20 settembre 1998
FL: «Sono tutti stufi di quella storia su Richard Gere».
CG: I Simpson hanno il sedere in fiamme e, per spegnere il fuoco, si buttano sul divano riempito d'acqua.
RC: L'episodio affronta il tema della facilità con cui in America si possono acquistare e possedere armi. Homer e Marge vanno anche alle sede locale della National Rifle Association (organizzazione fondata nel 1871 appositamente per sostenere l'uso e il possesso di armi da fuoco).

Il pulmino per bambini (IX/14) 5F11
TO: *Das Bus*
S: David X. Cohen
PT USA: 15 febbraio 1998
PT ITA: 6 aprile 1999
FL: Assente
CG: I Simpson sono delle rane sedute sopra una ninfea. Homer allunga la lingua per accendere la tv.
RC: Homer apre una sua azienda di sevizi internet, ma finisce in bancarotta a causa della concorrenza di Bill Gates.

Lisa la Simpson (IX/17) 4F24
TO: *Lisa the Simpson*
S: Ned Goldreyer
PT USA: 8 marzo 1998
PT ITA: 21 aprile 1999
FL: Assente

CG: Da una strana pianta verde del soggiorno spuntano i Simpson, sotto forma di frutta e verdura.

RC: Lisa consiglia di leggere *To Kill a Mockingbird* (*Il buio oltre la siepe*, 1960) di Harper Lee, *Harriet the Spy* (*Professione? Spia!*, 1964) di Louise Fitzhugh e *Yertle the Turtle* (1950-51) del dottor Seuss.

Marinaio Homer (IX/19) 3G04
TO: *Simpson Tide*
S: Joshua Sternin e Jeffrey Ventimilia
PT USA: 29 marzo 1998
PT ITA: 13 aprile 1999
FL: «Le mie chiappe non sono degne di un sito internet».

CG: La scena è un omaggio a *The Rocky and Bullwinkle Show* (serie animata, trasmessa negli Stati Uniti dal 1959 al 1964), che ha come protagonisti principali lo scoiattolo Rocky, l'alce Bullwinkle J. Moose, in cui si vede la sagoma di una montagna che all'improvviso si spacca con sopra il televisore e la famiglia Simpson. Subito dopo l'immagine ritrae un prato con il sole, sbocciano dei fiori e, davanti a questi, escono i vari membri della famiglia Simpson. Alla fine Bart sputa dalla bocca una margherita attaccata a una zolla di terra.

RC: Il titolo dell'episodio riecheggia il film *Crimson Tide* (*Allarme rosso*, 1995, diretto da Tony Scott), in cui un leader ultranazionalista ha preso il controllo di una postazione di missili nucleari nella regione russa di Vladivostok e minaccia una guerra nucleare se il governo statunitense o quello russo tenteranno di opporsi.

Guai da un trilione di dollari (IX/20) 5F14
TO: *The Trouble with Trillions*
S: Ian Maxtone-Graham
PT USA: 5 aprile 1998
PT ITA: 12 aprile 1999
FL: «Non esigerò di essere pagato quanto valgo».

CG: I Simpson arrivano nel divano che è stato trasformato in sauna. Sono però già presenti tre uomini e i Simpson se ne vanno.

RC: Si fa riferimento alla dottrina Truman, che si proponeva di contrastare le mire espansioniste dell'avversario comunista nel mondo e costituì la ragione politica della formulazione del Piano Marshall, il grande piano di aiuti pensato dal Segretario di Stato George C. Marshall per sostenere i Paesi europei devastati dalla seconda guerra mondiale. Parte dell'episodio è ambientato anche a Cuba, notoriamente sotto l'influenza sovietica.

L'inventore di Springfield (X/2) 5F21
TO: *The Wizard of Evergreen Terrace*
S: John Swartzwelder
PT USA: 20 settembre 1998
PT ITA: 14 settembre 1999
FL: «Non intenterò cause legali frivole».
CG: Gli abitanti di Springfield sono seduti come al cinema davanti al divano di casa Simpson. La famiglia arriva in ritardo e chiede spazio per passare.
RC: Si parla di Thomas Edison, inventore della lampadina e ispiratore delle invenzioni di Homer.

Homer figlio dei fiori (X/6) AABF02
TO: *D'oh-in in the Wind*
S: Donick Cary
PT USA: 15 novembre 1998
PT ITA: 18 settembre 1999
FL: «A nessuno importa qual è la mia definizione di "è"».
CG: I Simpson si siedono sul divano, ma subito dopo una sbarra si abbassa come nei vagoncini delle montagne russe e il divano inizia a muoversi come se fosse sulle montagne russe.
RC: Si fa riferimento a *The Doors of Perception* (*Le porte della percezione*), un saggio breve scritto da Aldous Huxley nel 1954, nel quale vengono raccontate le esperienze vissute tramite

l'utilizzo della mescalina, principio attivo del *peyote*, e l'analisi delle stesse esperienze fatta con lo psicologo Humphrey Osmond.

Schermaglie fra generazioni (X/11) AABF07
TO: *Wild Barts Can't Be Broken*
S: Larry Doyle
PT USA: 17 gennaio 1999
PT ITA: 24 settembre 1999
FL: «Sherry non è chiappona».
CG: I Simpson si siedono sul divano, che ha le sembianze di una bomba, con dei cappelli da cowboy. Subito dopo una botola si apre, sganciando così la bomba e tutta la famiglia, parodiando la scena finale del già citato film di Stanley Kubrick *Il dottor Stranamore*.
RC: Nell'episodio sono presenti molte citazioni e riferimenti: il film *L'insanguinamento* è una parodia del film *Village of the Damned* (*Il villaggio dei dannati*), diretto da Wolf Rilla nel 1960; mentre i ragazzi si procurano gli elementi per la radio, Milhouse appare vestito come Carl Switzer del telefilm *Our Gang* (*Simpatiche canaglie*); la canzone finale è una parodia del musical del 1963 *Bye, bye Birdie* (*Ciao, ciao Birdie*); nella scuola Homer e gli altri cantano *We Are the Champions* dei Queen; mentre Bart e Lisa vedono il trailer del film, Milhouse sta guardando i *Teletubbies*; mentre Lisa gira i canali radio si sente un discorso di Franklin Delano Roosevelt. Nella versione italiana, invece, viene sostituito con la celebre dichiarazione di guerra di Benito Mussolini. Lo stesso dittatore, assieme ad Adolf Hitler, viene citato da Homer all'inizio della puntata.

Domenica, orrenda domenica (X/12) AABF08
TO: *Sunday, Cruddy Sunday*
S: Tom Martin, George Meyer, Brian Scully, Mike Scully
PT USA: 31 gennaio 1999
PT ITA: 25 settembre 1999
FL: «Non farò l'uccello del malaugurio».

CG: Il salotto è pieno d'acqua e il divano, con sopra i Simpson, sbatte contro un iceberg e affonda. Alla fine riemerge Maggie che accende il televisore.

RC: Nell'episodio compare Rupert Murdoch, che nell'originale americano è doppiato dall'editore e produttore televisivo in persona.

Homer il Max-imo (X/13) AABF09
TO: *Homer to the Max*
S: John Swartzwelder
PT USA: 7 febbraio 1999
PT ITA: 27 settembre 1999
FL: «Nessuno vuol sapere della mia sciatica».
CG: Marge stende ad asciugare come bucato gli altri componenti della famiglia.
RC: Viene citata da Marge la canzone *Walk on the Wild Side* di Lou Reed.

Fate largo a Lisa (X/16) AABF12
TO: *Make Room for Lisa*
S: Brian Scully
PT USA: 28 febbraio 1999
PT ITA: 30 settembre 1999
FL: «Io non godo dell'immunità diplomatica».
CG: Due pompieri usano il divano come tappeto elastico per far atterrare i Simpson. Tutti i componenti della famiglia approdano sul divano, tranne Homer che precipita sul pavimento, sfondandolo.
RC: Nell'episodio viene, tra gli altri, trattato il tema del rapporto del mondo attuale con la tecnologia e dello stress che ne deriva.

Oltre la sfera della cantonata (XI/1) AABF23
TO: *Beyond Blunderdome*
S: Mike Scully

PT USA: 26 settembre 1999
PT ITA: 2 ottobre 2000
FL: «Di venerdì i pantaloni non sono un optional».
CG: I Simpson trovano già seduti sul loro divano loro stessi nella prima versione realizzata da Matt Groening, più grezzi e sgraziati. E, inorriditi, scappano via.
RC: L'attore Mel Gibson compare nell'episodio, impegnato nel remake di *Mister Smith va a Washington*, di Frank Capra.

Gli aiutanti speciali di Bart (XI/2) AABF22
TO: *Brother's Little Helper*
S: George Meyer
PT USA: 3 ottobre 1999
PT ITA: 4 ottobre 2000
FL: «Porco non è un verbo».
CG: La famiglia Simpson è seduta sul divano, tratteggiata in bianco e nero, perciò arrivano dei disegnatori che completano i personaggi colorandoli.
RC: Skinner informa i genitori che a Bart è stata diagnosticata la ADHD (*Attention-Deficit / Hyperactivity Disorder*, "sindrome da deficit di attenzione e iperattività") e propone loro di somministrargli il Focusyn (parodia del Ritalin).

L'erba del vicino è sempre più verde (XI/5) AABF19
TO: *E-I-E-I-(Annoyed Grunt)*
S: Ian Maxtone-Graham
PT USA: 7 novembre 1999
PT ITA: 11 ottobre 2000
FL: «Non ho vinto il premio Nobel per il peto».
CG: Davanti al divano c'è una transenna con un buttafuori, che lascia entrare tutta la famiglia tranne Homer.
RC: Viene fatta una parodia della canzone *Love Shack* del gruppo punk rock The B-52.

Bart al futuro (XI/17) BABF13
TO: *Bart to the Future*
S: Dan Greaney
PT USA: 19 marzo 200
PT ITA: 8 novembre 2000
FL: «Non infiammabile non è una sfida».
CG: Il salotto è trasformato in un locale notturno alla moda: un cordone di buttafuori, sistemato davanti al divano, fa entrare tutta la famiglia tranne Homer.
RC: Viene citato il film di fantascienza *Soylent Green* (*2022: I sopravvissuti*), girato da Richard Fleischer nel 1973. È tratto dal romanzo distopico di Harry Harrison, *Make Room! Make Room!* (*Largo! Largo!*) del 1966.

Tormenti di neve (XII/8) CABF06
TO: *Skinner's Sense of Snow*
S: Tim Long
PT USA: 17 dicembre 2000
PT ITA: 11 ottobre 2001
FL: «La lezione di scienze non dovrebbe finire in tragedia».
CG: I Simpson si buttano su una palla vestiti da giocatori di football americano e, alla fine, dalla mischia esce vincente Maggie con la palla in mano.
RC: Viene cantata una canzone di non-Natale, citazione di quella di non-compleanno di *Alice in Wonderland* (*Alice nel paese delle meraviglie*).

Il nuovo distintivo di papà (XIII/22) DABF17
TO: *Papa's Got a Brand New Badge*
S: Dana Gould
PT USA: 22 maggio 2002
PT ITA: 27 ottobre 2003
FL: Assente

CG: Arrivando in soggiorno i Simpson trovano il Blue Man Group (un gruppo di *performance art* fondato nel 1987 a New York) che suona davanti al loro divano.

RC: La puntata è stata dedicata a Stephen Jay Gould, scomparso due giorni prima della messa in onda statunitense dell'episodio. Egli era un biologo evoluzionista, storico della scienza e paleontologo americano, che ha doppiato sé stesso nell'episodio *Lisa la scettica*.

Straordinaria Edna (XIV/7) EABF02
TO: *Special Edna*
S: Dennis Snee
PT USA: 5 gennaio 2003
PT ITA: 13 gennaio 2005
FL: Assente
CG: In salotto c'è una grande friggitrice: i Simpson sono delle patatine che prima vengono fritte, poi sistemate sul divano e infine salate.

RC: Nell'episodio viene citato un fantomatico EFCOT Center, parodia dell'EPCOT (acronimo di *Experimental Prototype Community of Tomorrow*) Center, creato dalla Walt Disney Company in Florida.

Mia madre la fuggiasca (XV/2) EABF18
TO: *My Mother the Carjacker*
S: Michael Price
PT USA: 9 novembre 2003
PT ITA: 26 ottobre 2005
FL: Assente
CG: La famiglia Simpson, dopo essersi seduta sul divano, inizia a invecchiare e infine si riduce tutta in cenere.

RC: L'episodio è un omaggio alla controcultura anni Sessanta.

Lunga sfiga alla regina (XV/4) EABF22
TO: *The Regina Monologues*

S: John Swartzwelder
PT USA: 23 novembre 2003
PT ITA: 24 maggio 2005
FL: Assente

CG: Sul muro è presente una pressa che dà forma alla plastilina. Quando questa esce prende la forma dei componenti della famiglia Simpson.

RC: Si fa riferimento alla saga di Harry Potter, anche perché nell'episodio è presente Joanne K. Rowling. Il titolo originale americano riecheggia invece quello dell'opera teatrale *The Vagina Monologues* (*I monologhi della vagina*, 1966) di Eve Ensler.

Il tour storico di Marge (XV/11) FABF06
TO: *Margical History Tour*
S: Brian Kelley
PT USA: 8 febbraio 2004
PT ITA: 1° giugno 2005
FL: Assente

CG: Nel salotto c'è un forno a microonde e al suo interno viene messo un vassoio. Una volta acceso il forno i Simpson crescono e prendono forma durante la cottura.

RC: I riferimenti in questo episodio sono numerosi: Enrico VIII e le vicende riguardanti la nascita della chiesa anglicana; la spedizione di Lewis e Clark nei territori della nativa americana Sacajawea; i compositori Bach, Mozart (si vede Telespalla Mel fare la parodia del *Flauto magico*) e Haydn.

Il mio grosso grasso matrimonio sgangherato (XV/17) FABF12
TO: *My Big Fat Geek Wedding*
S: Kevin Curran
PT USA: 18 aprile 2004
PT ITA: 17 ottobre 2005
FL: Assente

CG: Sul muro è presente una pressa che dà forma alla plastilina. Quando questa esce prende la forma dei componenti della famiglia Simpson.

RC: Il titolo riecheggia *My Big Fat Greek Wedding* (*Il mio grasso grosso matrimonio greco*, film diretto nel 2002 da Joel Zwick).

Alla faccia della bandiera (XV/21) FABF17
TO: *Bart-Mangled Banner*
S: John Frink
PT USA: 16 maggio 2004
PT ITA: 21 ottobre 2005
FL: Assente

CG: Nel salotto c'è un forno a microonde, dentro al quale viene messo un vassoio. Quando il forno viene acceso, i Simpson, cuocendo, lievitano e prendono forma.

RC: Il titolo dell'episodio riecheggia il titolo dell'inno nazionale americano: *The Star Spangled Banner*.

Si fa una satira di «The Government knows best»,[14] del controverso *Patriot Act*, seguito all'attentato dell'11 settembre e finalizzato a combattere il terrorismo negli Stati Uniti e all'estero.

Accusati di antipatriottismo, vengono imprigionati alcuni personaggi famosi, tra cui Michael Moore, il gruppo di musica country Dixie Chicks, Bill Clinton e il pupazzo Elmo dei *Muppet*.

Il nuovo nome di Springfield, Libertyville, riecheggia la rinominazione delle patatine fritte da *french fries* a *freedom fries* dopo il rifiuto di Jacques Chirac di far partecipare la Francia all'operazione Iraqi Freedom.

Marachella rap (XVI/9) GABF03
TO: *Pranksta Rap*
S: Matt Selman
PT USA: 13 febbraio 2005
PT ITA: 11 novembre 2005

---

[14] Il Governo sa la cosa migliore da fare.

FL: Assente

CG: il pavimento del soggiorno è una scacchiera e i componenti della famiglia Simpson sono dei pezzi degli scacchi.

RC: Il commissario Winchester intercetta il rumore dei pop corn preparati da Bart, in una scena che riecheggia il personaggio dell'investigatore privato Harry Caul nel film di Francis Ford Coppola *The Conversation* (*La conversazione*, 1974).

Adozione made in Cina: bimba in adozione, marito in prestito (XVI/12) GABF06

TO: *Goo Goo Gai Pan*

S: Lawrence Talbot

PT USA: 13 marzo 2005

PT ITA: 10 marzo 2006

FL: Assente

CG: il soggiorno è buio e prolifera di occhi. La famiglia Simpson accende la luce e alcuni personaggi secondari della serie gridano «Sorpresa!»; Homer ha un infarto per lo spavento.

RC: L'episodio si conclude con tre dragoni che volano nel cielo, cantando e suonando il tipico violino cinese chiamato *erhu*.

Il Bob italiano (XVII/8) HABF02

TO: *The Italian Bob*

S: John Frink

PT USA: 11 dicembre 2005

PT ITA: 14 marzo 2007

FL: Assente

CG: I Simpson, sotto forma di carte da gioco, vengono lanciati sul divano.

RC: Il titolo originale dell'episodio prende spunto dal film *The Italian Job* (*Un colpo all'italiana*) del 1969, diretto da Peter Collinson; l'episodio è ricco di luoghi comuni e stereotipi relativi all'Italia e agli italiani: i formaggi, il gesticolare, il vino, la mafia, la vendetta, fino al parossismo di situazioni come lo sputo in faccia, il gesto del dito sul dente, e il bambino ubriaco; il nome della nuova auto acquistata da Montgomery Burns è una parodia della Lamborghini Gallardo e della Ferrari Testarossa. All'interno della lussuosa auto, dotata di un mini-televisore, la famiglia Simpson sta guardando *Ginger e Fred* (1985) di Federico Fellini. I Simpson arrivano in Italia su un aereo della compagnia aerea Alitalia. Come sottofondo si può ascoltare *L'Autunno* di Antonio Vivaldi.

Natale riveduto e corretto (XVII/9) HABF01
TO: *Simpsons Christmas Stories*
S: Don Payne
PT USA: 18 dicembre 2005
PT ITA: 23 dicembre 2006
FL: Assente
CG: Una copia dello *Springfield Shopper* ruota fino a mostrare il titolo «Couch gag thrills Nation».[15] I Simpson sono nella foto in prima pagina.
RC: Nell'ultima scena, i bambini di Springfield danno una rappresentazione dello *Schiaccianoci* e, quando i cittadini scoprono che non bisogna pagare i diritti per l'opera, ognuno mette in scena la propria versione dell'opera di Ciajkovskij. Mike Bongiorno dà la voce a Babbo Natale nella versione italiana.

Million Dollar Abe (XVII/16) HABF09
TO: *Million Dollar Abe*
S: Tim Long
PT USA: 2 aprile 2006
PT ITA: 26 marzo 2007
FL: «Non metterò più l'aula sottosopra».
CG: I Simpson si siedono sul divano, ma appare sopra di loro un menu del videoregistratore TiVo, che chiede se si vuole salvare la registrazione o cancellarla. Viene scelta quest'ultima opzione e lo schermo diventa nero.

---

15 La gag del divano appassiona la Nazione.

RC: Il titolo fa riferimento a *Million Dollar Baby*, film diretto nel 2004 da Clint Eastwood.

Kiss Kiss, Bang Bangalore (XVII/17) HABF10
TO: *Kiss Kiss, Bang Bangalore*
S: Dan Castellaneta e Deb Lacusta
PT USA: 9 aprile 2006
PT ITA: 27 marzo 2007
FL: Assente
CG: I Simpson vengono buttati sul divano sotto forma di carte: Bart (Re), Marge (Regina), Homer (Jack), Lisa (Asso) e Maggie (Joker).
RC: Vengono citate le serie tv: *MacGyver* (serie tv di avventura, che prende il nome dal protagonista, l'agente segreto MacGyver, andata in onda dal 1985 al 1992) e *Stargate SG-1* (serie tv di fantascienza derivata dal film *Stargate* e andata in onda dal 1997 al 2006). Homer scambia delle divinità indù per personaggi di film: Elephant Man per Ganesh, Edward mani di forbice per Shiva, il Grande Puffo per Vishnu.

Vita da star (XVIII/11) JABF05
TO: *Revenge Is a Dish Best Served Three Times*
S: Joel H. Cohen
PT USA: 28 gennaio 2007
PT ITA: 10 settembre 2007
FL: Assente
CG: I Simpson sono neonati e dopo essersi seduti sul divano tornano alle dimensioni naturali.
RC: Le storie raccontate da Marge, Lisa e Bart al texano ricco sono tutte parodie: *Il conte di Collecristo*, parodia di *Il conte di Montecristo* (romanzo scritto da Alexandre Dumas nel 1844); *La vendetta degli imbranati*, parodia di *Revenge of the Nerds* (*La rivincita dei nerds*, film commedia del 1984 diretta da Jeff Kanew); *Bartman Begins*, parodia di *Batman Begins* (film del 2005 diretto

da Christopher Nolan). L'episodio è dedicato a «tutte le vittime di *Guerre stellari*».

Piccolo grande amore (XVIII/12) JABF04
TO: *Little Big Girl*
S: Don Payne
PT USA: 11 febbraio 2007
PT ITA: 10 settembre 2007
FL: «Non starò fermo a guardare quello che fa l'insegnante».
CG: i Simpson sono sagome di carta che vengono vestite, prendono vita e si siedono.
RC: Il titolo riecheggia il film con Dustin Hoffman *Little Big Man* (*Piccolo grande uomo*, 1970, diretto da Arthur Penn), a sua volta basato sul romanzo del 1964 di Thomas Berger.

Tra molti, Winchester! (XIX/10) KABF03
TO: *E Pluribus Wiggum!*
S: Michael Price
PT USA: 6 gennaio 2008
PT ITA: 29 novembre 2008
FL: «La maestra non ha pagato troppo per il suo appartamento».
CG: In una parodia animata dell'arazzo di Bayeux, la famiglia Flanders ruba il divano dei Simpson, che successivamente riescono a tornarne in possesso, uccidendo i Flanders.
RC: Il titolo riecheggia «E pluribus unum»,[16] la frase latina che compare sulle monete statunitensi.

L'ultimo presidente Bill Clinton organizza la campagna elettorale per sua moglie, Hillary Clinton.

Arianna Huffington e George Will sono presi in giro come ospiti del finto talk show *HeadButt*. Poi Huffington, durante un incontro con il Partito democratico di Springfield, rivela che Julio, il gay di Springfield, è stato sposato con lei: si tratta di una

---

[16] Fra molti, uno.

parodia della rivelazione di Mike Huffington, che dichiarò, dopo il divorzio da Arianna, di essere gay.

Il signor Burns dice che George W. Bush ha vinto l'elezione del 2004 regolarmente e poi aggiunge: «Dando per scontato che nessuno ritrovi le urne elettorali dell'Ohio». Chiaro riferimento all'accusa di Robert Kennedy jr di brogli proprio nel risultato elettorale del Partito repubblicano in Ohio.

Mona se ne va (XIX/19) KABF12
TO: *Mona Leaves-a*
S: Joel H. Cohen
PT USA: 11 maggio 2008
PT ITA: 11 febbraio 2009
FL: «Questo castigo non è medioevale» (scritto in caratteri medioevali).
CG: Si assiste all'evoluzione di Homer a partire da essere unicellulare, passando per vari stadi, come pesce, roditore, scimmia; infine, divenuto essere umano contemporaneo, arriva a casa e si siede sul divano con la famiglia.
RC: Il titolo riecheggia *Mona Lisa*, celebre dipinto di Leonardo da Vinci.

La fuga di Homer con il paracadute della Union Jack è una parodia del film *The Spy Who Loved Me* (*La spia che mi amava*, della serie di James Bond, diretto da Lewis Gilbert, 1977).

Si sente una frazione della canzone *White Rabbit* dei Jefferson Airplane dopo che Marge ha dato fuoco alla sua borsa.

Mypod d'ottone e manicotti di dinamite (XX/7) KABF20
TO: *Mypods and Broomsticks*
S: Marc Wilmore
PT USA: 30 novembre 2008
PT ITA: 2 marzo 2010
FL: «La prosperità è dietro l'angolo».
CG: I Simpson arrivano nel soggiorno e trovano Bart che scrive alla lavagna: «Non devo portare la lavagna a casa».

RC: Vi è una parodia della Apple: nel centro commerciale di Springfield viene aperto un negozio Mapple.

Mai più mutuo, naturalmente! (XX/12) LABF03
TO: *No Loan Again, Naturally*
S: Jeff Westbrook
PT USA: 8 marzo 2009
PT ITA: 9 marzo 2010
FL: «Non mi divertirò coi giocattoli educativi».
CG: I Simpson arrivano in soggiorno, trovano il divano distrutto e decidono di seppellirlo in giardino. Vanno quindi in un mobilificio a sceglierne uno nuovo: una volta seduti sopra, il divano fa sbalzare in aria Homer che ritorna a casa e si siede sul divano tutto ingessato.
RC: Il titolo originale cita la famosa canzone di Gilbert O'Sullivan *Alone Again, Naturally*.

Quattro grandi donne e manicure (XX/20) LABF09
TO: *Four Great Women and a Manicure*
S: Valentina L. Garza
PT USA: 10 maggio 2009
PT ITA: 22 marzo 2010
FL: Assente
CG: Uno scultore scolpisce la famiglia Simpson seduta sul divano, poi cambia idea e scolpisce un cavaliere.
RC: Viene citato il film Disney *Biancaneve* (1937, ispirato all'omonima fiaba dei fratelli Grimm) e *The Fountainhead* (*La fonte meravigliosa*), un romanzo del 1943 della scrittrice e filosofa statunitense, di origine russa, Ayn Rand. In una battuta di Telespalla Mel viene citato un verso del *Macbeth* di Shakespeare.

Arrivando in Homerica (XX/21) LABF12
TO: *Coming to Homerica*
S: Brendan Hay
PT USA: 17 maggio 2009

PT ITA: 23 marzo 2010
FL: «Si chiama Facebook, non Facciadaculbook».
CG: I Simpson interpretano vari ruoli di diverse *sitcom* americane, prima di tornare nella loro sedendosi sul divano.
RC: Nell'episodio vi sono vari riferimenti alla cultura norvegese.

Il colore giallo (XXI/13) MABF06
TO: *The Color Yellow*
S: Billy Kimball e Ian Maxtone-Graham
PT USA: 21 febbraio 2010
PT ITA: 6 ottobre 2010
FL: Assente
CG: I Simpson si tuffano e nuotano in una piscina per raggiungere il divano, ma Homer affonda e resta a galleggiare dopo il tuffo.
RC: Il riferimento è al film diretto da Steven Spielberg nel 1985, tratto dal romanzo epistolare di Alice Walker *The Color Purple* (*Il colore viola*, 1982).

La più grande storia mai ra-d'oh-ntata (XXI/16) MABF10
TO: *The Greatest Story Ever D'ohed*
S: Kevin Curran
PT USA: 28 marzo 2010
PT ITA: 11 ottobre 2010
FL: Assente
CG: i membri della famiglia Simpson, parodiando le corse dei cani, sono portati nel soggiorno al guinzaglio. Bart viene decretato vincitore e questo porta all'ira Homer che lo attacca.
RC: Homer si scopre soffrire della sindrome di Gerusalemme, che consiste nella manifestazione improvvisa di appassionati sentimenti religiosi e di un impulso a proferire espressioni visionarie.

Elementary School Musical (XXII/1) MABF21
TO: *Elementary School Musical*

S: Tim Long
PT USA: 26 settembre 2010
PT ITA: 23 gennaio 2012
FL: «Quando ho dormito in classe non l'ho fatto per aiutare Leo DiCaprio».
CG: Sopra al divano c'è uno striscione con le congratulazioni della Fox per la ventiduesima stagione. Un componente del *network* televisivo entra con una piccola torta, fa spegnere la candelina e poi se la porta via e se la mangia.
RC: Viene citato *Poiché non potevo fermarmi per la morte* di Emily Dickinson (poesia del 1863). Nell'episodio compaiono i Flight of the Conchords, un duo neozelandese di indie rock demenziale.

Fool Monty (XXII/7) NABF01
TO: *The Fool Monty*
S: Michael Price
PT USA: 21 novembre 2010
PT ITA: 30 gennaio 2012
FL: Assente
CG: I Simpson trovano al posto del divano delle capsule dove vengono ibernati. In un'ambientazione dal film *Avatar* assumono sembianze Na'vi con Bart che addomestica un divano volante. Successivamente la famiglia si siede davanti alla tv e indossa gli occhiali per la visione in 3D.
RC: Viene citato *Under the Dome* (*The dome*, 2009) di Stephen King, quando il signor Burns decide di costruire una cupola.

La battaglia prima del Natale (XXII/8) NABF22
TO: *The Fight before Christmas*
S: Dan Castellaneta e Deb Lacusta
PT USA: 5 dicembre 2010
PT ITA: 1° febbraio 2012
FL: Assente
CG: Assente

RC: Viene citata la famosa canzone natalizia *Twelve Days of Christmas* (*I dodici giorni del Natale*): il testo è una filastrocca infantile del 1780, mentre la musica venne aggiunta più tardi.

Homer il padre (XXII/12) MABF05
TO: *Homer the Father*
S: Joel H. Cohen
PT USA: 23 gennaio 2011
PT ITA: 7 febbraio 2012
FL: «Prince non è il figlio di Martin Luther King».
CG: Compaiono una serie di titoli di giornale che raccontano la storia della fuga del divano inseguito dai Simpson e il loro ricongiungimento finale.
RC: L'episodio presenta una critica all'industria televisiva.

Bart smette di annusare le Roosevelt (XXIII/2) NABF17
TO: *Bart Stops to Smell the Roosevelts*
S: Tim Long
PT USA: 2 ottobre 2011
PT ITA: 6 marzo 2013
FL: «Non è troppo presto per fare ipotesi sulle elezioni del 2016».
CG: La gag iniziale è realizzata da John Kricfalusi (il creatore della serie a cartoni animati *The Ren & Stimpy Show*): Homer chiede una birra a Marge e lei gliela va a prendere.
RC: Tutto l'episodio è un omaggio al *cartoonist* canadese.

Boe dagli stracci ai ricchi (XXIII/12) PABF05
TO: *Moe Goes from Rags to Riches*
S: Tim Long
PT USA: 29 gennaio 2012
PT ITA: 19 marzo 2013
FL: «Non è stato dimostrato un legame fra l'uva passa e le caccole».
CG: I Simpson passano in quattro *sitcom* del passato, prima di arrivare al loro divano.

RC: La trama dell'episodio richiama quella del film *Le Violon Rouge* (*Il violino rosso*, diretto da François Girard nel 1998), che racconta la storia di un violino misterioso e dei suoi numerosi proprietari per un periodo lungo diverse centinaia di anni.

Jeremy Irons dà la voce allo straccio.

I robot (XXIII/17) PABF10
TO: *Them, Robot*
S: Michael Price
PT USA: 18 marzo 2012
PT ITA: 26 marzo 2013
FL: Assente
CG: C'è una gag del divano per ogni anno dal 1989 al 2012, cominciando con lo striscione sullo sfondo «America, il Paese più potente al mondo», cambiandolo nel 2008 con lo striscione «Troppo grande per fallire. Speriamo!» e terminando con Maggie che nel 2012 ha in mano una bandierina della Cina.

RC: Vengono citate le tre leggi della robotica da *The Complete Robot* (*Tutti i miei robot*), un'antologia di racconti di fantascienza di Isaac Asimov, del 1982.

Il fiume delle chiacchiere (XXIV/1) PABF21
TO: *Moonshine River*
S: Tim Long
PT USA: 30 settembre 2012
PT ITA: 7 aprile 2014
FL: «Non vestirò di bianco dopo il Giorno dei Lavoratori».
CG: Homer, Bart, Lisa e Marge sono farfalle che si schiudono dalle loro crisalidi sul divano di una casa giocattolo dell'asilo nido. Gerald, il lattante antagonista di Maggie, li caccia con un martelletto, finché Maggie non riesce a risolvere la situazione.

RC: A New York Marge e Lisa cercano di assistere a uno spettacolo teatrale, ma non hanno abbastanza soldi. L'unico che possono permettersi è una messa in scena del *Romeo e Giulietta* di

Shakespeare nel parco, all'aperto. Ma il cast abbandona improvvisamente il palco.

Mary, l'amica di Bart, lavora al *Saturday Night Live*.

Homerland (XXV/1) RABF20

TO: *Homerland*

S: Stephanie Gillis

PT USA: 29 settembre 2013

PT ITA: 29 settembre 2014

FL: «25 anni e non riescono a inventarsi una nuova punizione?».

CG: Un "buttafuori" è al controllo del divano, e i Simpson, dovrebbero essere sulla sua lista. Bart, Lisa, Marge e Maggie riescono a passare, ma Homer non può, poiché non è sulla lista. Provando con la rincorsa, non riesce comunque a sedersi e viene picchiato con una mazza dal buttafuori.

RC: Quando Homer viene rapito da un gruppo di attivisti per la difesa dell'ambiente, viene sottoposto a sessioni di purificazione, che prevedono anche l'ascolto della rock band Grateful Dead.

Si vive una volta sola (XXV/4) RABF22

TO: *YOLO*

S: Michael Nobori

PT USA: 10 novembre 2013

PT ITA: 2 ottobre 2014

FL: «Il calendario della mia scuola non prevede una settimana di pausa».

CG: Tutti tranne Maggie cercano di arrivare al divano malgrado l'assenza di gravità e alla fine l'unico che non riesce a sedersi è Homer, il quale buca il soffitto e vola via.

RC: Il titolo originale, *YOLO*, significa «You Only Live Once», tradotto in italiano *SVUS*, «Si Vive Una Volta Sola».

A seguito di compiti in classe il cui esito viene considerato poco chiaro dalla cittadinanza di Springfield, la scuola viene definita da Kent Brockman «corrotta come il parlamento italiano».

I dolori del travaglio (XXV/5) RABF19

TO: *Labor Pains*
S: Don Payne e Mitchell H. Glazer
PT USA: 17 novembre 2013
PT ITA: 3 ottobre 2014
FL: «Rocktober non si scrive Bocktober».
CG: I Simpson arrivano, come pellegrini, a bordo della *Mayflower* sulla Roccia di Plymouth. È il giorno del Ringraziamento e Apu offre loro un tacchino per 19,95 dollari.
RC: Lisa si improvvisa "sindacalista" in difesa dei diritti delle Atomettes, le *cheerleaders* che sostengono la squadra di football degli Springfield Atoms.

Le incompatibilità elettive (XXV/6) SABF02
TO: *The Kid is All Right*
S: Tim Long
PT USA: 24 novembre 2013
PT ITA: 6 ottobre 2014
FL: Assente
CG: C'è una versione del cortometraggio *Music Land* (*Il paese della musica*), un cartone animato del 1935, incluso nella collana *Sinfonie allegre*, prodotto da Walt Disney, che ha per protagonisti due giovani strumenti musicali innamorati.
RC: Lisa e la nuova compagna di scuola Isabel Gutierrez vengono trasportate in un futuro in cui si candidano per la Presidenza degli Stati Uniti, Lisa per il Partito democratico e Isabel per il Partito repubblicano. Nonostante gli exit poll diano vincente Lisa con il 53 per cento dei voti, l'esito del voto è a favore di Isabel.

Il distintivo giallo della vigliaccheria (XXV/22) SABF18
TO: *The Yellow Badge of Cowardge*
S: Billy Kimball e Ian Maxtone-Graham
PT USA: 18 maggio 2014
PT ITA:28 ottobre 2014
FL: Assente

CG: I Simpson e Matt Groening stanno tenendo una conferenza al Festival del Fumetto di San Diego. L'Uomo dei fumetti,[17] seduto fra il pubblico, chiede loro se verrà realizzato un sequel di *I Simpson – Il film*. Groening e i Simpson scappano di corsa, lasciando sola Maggie che risponde con una ciucciata.

RC: Homer apprende dai giornali che a Springfield non ci sarà il consueto spettacolo pirotecnico per i festeggiamenti del giorno dell'Indipendenza a causa della carenza di fondi pubblici che affligge la città.

---

17 Jeff Albertson, detto Uomo dei fumetti, è un personaggio obeso, irriverente, sarcastico. È il proprietario del negozio di fumetti di Springfield chiamato Sotterraneo dell'androide e Negozio delle figurine del baseball.

Bibliografia e sitografia

AGEE James, EVANS Walker, *Sia lode ora a uomini di fama*, il Saggiatore, Milano 2013

APPLEBY Joyce, HUNT Lynn, JACOB Margaret, *Telling the Truth about History*, Holt, New York 1994

BARBOLINI Francesca, *Benvenuti in casa Simpson. Fenomenologia di una famiglia media americana*, Associazione culturale Il Foglio, Piombino 2006

BASILE M. Caterina, *Timothy Leary. La religione della coscienza. Dalla rivoluzione psichedelica ai rave*, Alpes Italia, Roma 2012

BORGOGNONE Giovanni, *Storia degli Stati Uniti. La democrazia americana dalla fondazione all'era globale*, Feltrinelli, Milano 2013

BRYSON Bill, *L'estate in cui accadde tutto*, Guanda, Milano 2014

BUSATTA Franco, *I Simpson. La guida non ufficiale*, PuntoZero, Bologna 1998

CACI Davide G., *I Simpson, I Griffin & Co. Le sit-com animate dalla preistoria dei Flintstones ai giorni nostri*, Tunué, Latina 2008

CASTELLI Luca, "Vent'anni con in Simpson", in *Il Mucchio*, nn. 636-37, 2007

CASTRONOVO Valerio, *Le ombre lunghe del '900. Perché la storia non è finita*, Mondadori, Milano 2010

CONRAD Joseph, *The Shadow Line – La linea d'ombra*, Einaudi, Torino 1993

DIAMOND Jared, *Armi, acciaio e malattie*, Einaudi, Torino 2006

EDSEL Robert M., *Monuments Men*, Sperling&Kupfer, Milano 2015

ELIAS Norbert, *Il processo di civilizzazione*, il Mulino, Bologna 1988

ENSLER Eve, *I monologhi della vagina*, Tropea Editore, Milano 2000

FORBES Esther, *Johnny Tremain*, Houghton Mifflin Harcourt – Books for Young Readers, Boston 2011

GROENING Matt, *I Simpson. Album di famiglia senza censure*, Rizzoli, Milano 2007

HARDT Michael, NEGRI Antonio, *Impero. Il nuovo ordine della globalizzazione*, Bur, Milano 2001

HEINRICHS Jay, *L'arte di avere sempre l'ultima parola. Da Aristotele a Homer Simpson, tutti i segreti della persuasione*, Kovalski, Milano 2008

HOBSBAWM Eric, *Il secolo breve*, Rizzoli BUR, Milano 2014

HOBSBAWM Eric, RANGER Terence (a cura di), *The Invention of Tradition*, Cambridge University Press, 1983; trad. it. *L'invenzione della tradizione*, Einaudi, Torino 1987

HØEG Peter, *Il senso di Smilla per la neve*, Mondadori, Milano 1996

HOLLAND Travis, *Television Nations: imagined communities in The Simpson*, University of Wollongong Thesis Collections, Wollogong 2012

HUXLEY Aldous, *Le porte della percezione*, Mondadori, Milano 1958

IRWIN William, CONRAD Mark T., SKOBLE Aeon J. (a cura di), *I Simpson e la filosofia*, ISBN edizioni, Milano 2005

LEARY Timothy, METZNER Ralph, ALPERT Richard, *The psychedelic experience: A manual based on the tibetan book of the dead*, Penguin Classics, London 2009

LYOTARD Jean François, *La condizione postmoderna*, Feltrinelli, Milano 1981

MALASPINA Marco, *La scienza dei Simpson: guida non autorizzata all'Universo in una ciambella*, Sironi, Milano 2007

MARCHISIO Pierluca, MICHELONE Guido, *I* Simpson. *L'allucinazione di una* sit-com, Castelvecchi, Roma 1999

MARZIALI Manuela, *I Simpson e la tradizione culturale americana*, Prospettiva, Roma 2003

MICHELONE Guido, *I Simpson*, Bompiani, Milano 2000

National Standards for United States History, National Center for History in the Schools, University of California, Los Angeles, 1994, coord. G.B. Nash e C. Crabtree

PASSERINI Luisa (a cura di), *Storia orale. Vita quotidiana e cultura materiale delle classi subalterne*, Rosenberg & Sellier, Torino 1978

PEPERONI Corrado (a cura di), *I Simpson. Il ventre onnivoro della Tv postmoderna*, Bulzoni, Roma 2007

RICHMOND Ray, GIMPLE Scott M. (a cura di), *I Simpson. La guida completa alla nostra famiglia preferita*, Rizzoli, Milano 2007

SALVARANI Brunetto, *Da Bart a Barth. Per una teologia all'altezza dei Simpson*, Claudiana, Torino 2008

SAPEGNO Pierangelo, "Il mio bacio lungo 60 anni", *la Stampa*, 14 marzo 2014

SCHLESINGER Arthur M. , *La disunione dell'America*, Diabasis, Parma 1995

SHIRER William, *Ascesa e caduta del Terzo Reich*, Einaudi, Torino 2007

STEINBECK John, *Furore*, Bompiani, Milano 2013

TESTI Arnaldo, "Il passato in pubblico: un dibattito sull'insegnamento della storia nazionale negli Stati Uniti", in *Storica*, n. 6, 1996, pp. 7-53

TESTI Arnaldo, *Riprendersi l'America: il patriottismo americano dopo l'11 settembre*, in *Oltre il secolo americano? Gli Stati Uniti prima e dopo l'11 settembre*, a cura di Raffaella Baritono e Elisabetta Vezzosi, Carocci, Roma 2011

–TOCQUEVILLE Alexis de, *La democrazia in America* (a cura di C. Vivanti), Einaudi, Torino 2006

it.wikipedia.org/wiki/I_Simpson
simpsons.wikia.com/wiki/Simpsons_Wiki
www.foxanimation.it/i-simpson
www.thesimpson.it/dispatcher.asp

Galápagos

ultimi volumi pubblicati

50. Peter LAUFER, *Slow News. Manifesto per un consumo critico dell'informazione*
51. Olmes BISI, *Visibile e invisibile. Le meraviglie dei fenomeni luminosi*
52. AA.VV.., *Quadrivium. Numero, geometria, musica, astronomia*
53. Persio TINCANI, *Perché l'antiproibizionismo è logico (e morale). Filosofia, diritto e libertà individuali*
54. Paolo GANGEMI, *Piccolo libro delle curiosità sul mondo. La geografia che non si studia a scuola*
55. Ronald FRITZE, *Falsi miti. Come si inventa quello in cui crediamo*
56. Alessio P. APROSIO, *Pinocchio nel paese dei paradossi. Viaggio tra le contraddizioni della logica*
57. Maria Cristina SACCUMAN, *Biberon al piombo. L'impatto dell'inquinamento sulla salute dei bambini*
58. AA.VV. *Scientia. Matematica, fisica, chimica, biologia e astronomia*
59. Gian Piero PIRETTO, *La vita privata degli oggetti sovietici. 25 storie da un altro mondo*
60. Roberto INCHINGOLO, *Perché ci piace il pericolo. Adrenalina, paura, piacere*
61. Chiara CECI, *Emma Wedgwood Darwin. Ritratto di una vita, evoluzione di un'epoca*
62. Giancarlo STURLONI, *L'atomo diviso. Storia, scienza e politica dell'energia nucleare*
63. Eugenio MELOTTI, *Mai dire bonsai. Quello che le piante direbbero se potessero parlare*

64. John PRESCOTT, *Questione di gusto. Perché ci piace quello che mangiamo*
65. Ilaria CAPRIOGLIO, *Senza limiti. Generazioni in fuga dal tempo*
66. AA.VV. *Disegnum. Prospettiva, simmetria, curve, arte celtica e islamica, sezione aurea*
67. Michele MARENCO, *La fisica dei sensi. Brevi esplorazioni di fenomeni quotidiani*
68. Silvia BENCIVELLI, Giordano ZEVI, *Irrazionali e contenti. Viaggio alle origini delle nostre scelte economiche*
69. Silvio GARATTINI, a cura di, *Acqua fresca? Tutto quello che è utile sapere sull'omeopatia*
70. Gian Piero PIRETTO, *Indirizzo: Unione Sovietica. 25 luoghi da un altro mondo*
71. David WADE, *Geometria fantastica. I poliedri e l'immaginario artistico nel Rinascimento*
72. Carlo Alberto REDI, Manuela MONTI, *Storia di una cellula fantastica. Scienza, cultura e natura dell'uovo*
73. Bruno CODENOTTI, Claudia FLANDOLI, *Archimede aveva un sacco di tempo libero. La teoria degli insiemi e il concetto di infinito*
74. Paolo GANGEMI, *Piccolo libro delle curiosità sulla scienza. L'eccezione che non si studia a scuola*
75. Leonard SHLAIN, *Il cervello di Leonardo. Ritratto non ortodosso del più grande genio della storia*
76. Giancarlo POIDOMANI, *I Simpson e la Storia. Viaggio nel tempo a bordo di un divano*

IN USCITA

Fabio TOSCANO, *Una forza della natura. La scoperta dell'elettromagnetismo e delle sue leggi*